SHENGYU ZHENGCE PINGGU JI GAIGE QUXIANG

生育政策评估及改革取向

张本波 等◎著

企业管理出版社
ENTERPRISE MANAGEMENT PUBLISHING HOUSE

图书在版编目（CIP）数据

生育政策评估及改革取向/张本波等著.—北京：企业管理出版社，2019.11
ISBN 978-7-5164-2075-1

Ⅰ.①生… Ⅱ.①张… Ⅲ.①人口政策-研究-中国 Ⅳ.① C924.21

中国版本图书馆CIP数据核字（2019）第275706号

书　　名：	生育政策评估及改革取向
作　　者：	张本波　等
责任编辑：	侯春霞
书　　号：	ISBN 978-7-5164-2075-1
出版发行：	企业管理出版社
地　　址：	北京市海淀区紫竹院南路17号　邮编：100048
网　　址：	http://www.emph.cn
电　　话：	编辑部（010）68420309　发行部（010）68701816
电子信箱：	zhaoxq13@163.com
印　　刷：	北京虎彩文化传播有限公司
经　　销：	新华书店
规　　格：	170毫米×240毫米　16开本　11.5印张　169千字
版　　次：	2019年12月第1版　2019年12月第1次印刷
定　　价：	52.00元

版权所有　翻印必究　印装有误　负责调换

联合国人口基金（UNFPA）资助课题

课题组成员

课题负责人

张本波　中国宏观经济研究院社会发展研究所 研究员

承担单位主要成员

魏义方　中国宏观经济研究院社会发展研究所 副研究员
关　博　中国宏观经济研究院社会发展研究所 副研究员
刘　敏　中国宏观经济研究院社会发展研究所 副研究员
魏国学　中国宏观经济研究院社会发展研究所 副研究员
王　阳　中国宏观经济研究院社会发展研究所 副研究员

协作单位主要成员

郭　未　南京大学社会学院 副教授
韦　艳　西安财经大学人口与发展研究所 教授

前言

全面两孩政策自2016年1月1日起正式实施，是我国继2013年单独两孩政策后对生育政策做出的又一次重大调整。为推动政策有效实施和进一步完善相关政策，联合国人口基金委托中国宏观经济研究院社会发展所开展"实施全面两孩政策的配套改革及政策取向"课题研究。课题组采用人口数据分析、小组深度访谈、家庭决策模型等方法，从制度建设、政策效果、问题挑战、对策建议等方面，全方位评估全面两孩政策及配套改革的实施情况，提出了完善全面两孩政策及配套改革的建议，并进一步讨论了我国生育政策的改革取向。主要研究发现包括以下内容。

制度建设：全面两孩政策框架基本建立。从政策体系来看，修订了相关法律法规，出台了医疗卫生、教育、就业、社会保障等多方面的配套政策。从政策内容来看，涵盖了生育支持、幼儿养育、青少年发展、性别平等、老人赡养、病残照料等各个方面。从目标人群来看，既关注到高龄孕产妇、生育困难夫妇、经济困难家庭、职业女性等受政策影响较为显著的群体，也兼顾了独生子女家庭、独生子女伤残和死亡家庭以及接受计划生育手术的妇女等原政策下的弱势群体。

政策特征：鼓励"生育二孩"，同时限制"多孩生育"。一方面，在两孩框架内体现了鼓励生育的政策取向，提出了有利于家庭生育、养育的政策措施；另一方面，保持了政策的连贯性，延续和加强了对原计划生育家庭的奖励扶助优惠政策，同时保留了社会抚养费征收等对政策外生育的惩罚性措施。

政策效果：全面两孩政策的长期效果仍存在争议。全面两孩政策实施后，生育意愿有所回升，出生人口有所增加，二孩出生率明显提高。但对今后趋势的判断，仍存在一定分歧。一种观点认为，全面两孩政策对生育率回升起到了积极作用，虽然政策效应释放后生育率会有所回落，但依然可能保持在相对合理的水平。另一种观点则认为，全面两孩政策对生育率的提升作用不大，反弹效应释放后，生育率和出生人口会很快回落到较低水平。课题组认为，应更加重视生育率持续走低的风险。

主要挑战：化解政策困境和优化公共服务配置。首先，当前政策"鼓励二孩"和"限制多孩"并行，不仅容易使政策方向产生分歧，而且容易陷入"政策取向与居民意愿背离"的困境。即政策目标是鼓励没有意愿的人群生育，却限制有意愿的人群生育，不仅违背多数居民的意愿，而且增大了执法成本。其次，公共服务供给不足直接影响政策实施效果。近期来看，一是总量供给不足，如婴幼儿托幼服务近乎空白，养育压力成为制约生育的首要因素；二是服务资源配置不均衡，如医院接产、新生儿保健等服务能力集中在大中城市。中长期来看，压力会依次波及学前教育、基础教育，进而扩展到养老服务、妇女就业、社会保障等领域，因而需要进一步建立教育资源动态调整机制，完善家庭发展的经济支持政策，强化妇女权益保障等。

政策建议：进一步完善全面两孩政策及配套改革。一方面，兼顾连续性和发展性，补足全面两孩政策短板。一是强化政府责任，托底特殊困难人群；二是整合优惠政策，扩展政策受益人群；三是注重家庭发展，完善人口政策体系；四是更新政策理念，加强政策正向调节；五是坚持需求导向，提高政策精细程度。另一方面，把握人口变动情况和生育服务需求，合理配置公共服务资源。一是扩大托幼服务资源供给，降低养育成本；二是加强妇幼保健服务体系与能力建设；三是合理规划和配置教育资源；四是切实促进社会性别平等。

发展取向：适时推动由"计划生育"向"自主生育"的政策转型。目前是推动"计划生育"转向"自主生育"的有利时机。一方面，可以顺势延续全面两孩政策效应，助推生育率平稳回升，有效缓解人口结构矛盾；另一方面，充分尊重家庭生育意愿，可以化解现行政策目标与居民意愿背离造成的社会冲突，也是"以人民为中心"发展思想的最根本体现。为此，我们建议：

（1）明确促使生育率向合理水平回归的政策目标，形成稳定的社会预期。从人口安全角度来看，生育率保持在更替水平左右是较为合理的选择。从社会环境和人口发展规律来看，今后我国生育率和出生人口将长期处于较低水平，促使生育率回升将是一项长期的工作任务。

（2）尽快取消一切限制生育的政策，健全基于家庭意愿的生育友好型政策体系。转变人口政策理念，取消一切限制生育的政策，使生育权逐步回归于家庭，加强对家庭自主生育的经济社会政策支持。建议明确取消社会抚养费征收，取消控制人口数量的工作目标。

（3）适时推进生育促进政策，制定新形势下的人口新国策。应从数据收集和分析入手，加强对人口变动的监测评估，凝聚社会共识，储备政策预案，从而为把握政策调整的方向和时间节点提供更扎实的支撑。建议以2018年1%人口抽样调查和2020年人口普查数据为基础进行研究，如果生育率形成向上趋势，则重点完善家庭自主生育人口政策；如果生育率没有显著回升或者持续下降，则在2021年启动全面鼓励生育的综合政策措施，制定新形势下的人口新国策。

课题研究由中国宏观经济研究院社会发展研究所、南京大学社会学院、西安财经大学人口与发展研究所联合完成。本书是在课题研究成果的基础上形成的，包括主报告、调研报告、专项报告以及附录四部分。各部分主要执笔人如下。

主报告《生育政策评估及改革取向》：张本波；

调研报告《实施全面两孩政策的配套改革措施及建议——基于江苏省三方深度访谈的质性分析》：郭未、崔青青、鲁佳莹、陆婷婷、王志友、周守祺、周恬恬；

调研报告《实施全面两孩政策及配套改革情况——基于湖南和山东两省政策比较的调研分析》：魏义方、张本波、关博；

调研报告《全面两孩政策实施中的问题及对策建议——基于陕西省的

实地访谈分析》：韦艳、王伯璐、方祎、陈瑞斌、任娟娟；

专项报告《全面两孩政策的隐忧与对策》：魏义方；

专项报告《生育、医疗"两保合并"的风险与对策——"两孩""医改""降成本"政策叠加效应分析》：关博；

专项报告《0~3岁儿童托幼服务发展现状与对策》：张本波、魏义方；

附录一《全面两孩政策及影响研究综述》：郭未、崔青青、鲁佳莹、陆婷婷、王志友、周守祺、周恬恬。

此外，魏国学、王阳、刘敏等参与了调研和报告讨论。

在课题研究过程中，联合国人口基金项目官员贾国平、王岩等对项目进行了全程指导；复旦大学任远教授、中国人民大学杨菊花教授、首都经济贸易大学童玉芬教授、中国公安大学伍先江教授、国家卫生健康委人口与发展研究中心茅倬彦研究员等专家参加研讨并提出了宝贵意见；江苏、山东、湖南、陕西等省发展改革委协助组织调研，并提供了有价值的观点和材料。在此一并致谢。报告成果只代表课题组观点。

"实施全面两孩政策的配套改革及政策取向"课题组

2017年12月

目录

↘ 主报告

生育政策评估及改革取向 / 002

↘ 调研报告

实施全面两孩政策的配套改革措施及建议
　　——基于江苏省三方深度访谈的质性分析 / 052
实施全面两孩政策及配套改革情况
　　——基于湖南和山东两省政策比较的调研分析 / 088
全面两孩政策实施中的问题及对策建议
　　——基于陕西省的实地访谈分析 / 099

↘ 专项报告

全面两孩政策的隐忧与对策 / 110
生育、医疗"两保合并"的风险与对策
　　——"两孩""医改""降成本"政策叠加效应分析 / 115
0~3岁儿童托幼服务发展现状与对策 / 121

↘ 附录

附录一　全面两孩政策及影响研究综述 / 136
附录二　政府部门、社区工作人员和城乡居民深度访谈提纲 / 162

主报告

生育政策评估及改革取向

引言：研究背景和分析框架

2015年10月召开的中共十八届五中全会提出，要促进人口均衡发展，坚持计划生育基本国策，完善人口发展战略，全面实施一对夫妇可生育两个孩子政策，积极开展应对人口老龄化行动。全面两孩政策自2016年1月1日起正式实施，是我国继2013年单独两孩政策后对生育政策做出的又一次重大调整。

生育政策调整不仅会给国家的经济发展、人口结构、劳动力供给等带来积极的改变，也会给中国经济社会发展带来新的挑战。经过一段时间的运行，这一政策在各方面的影响已有所显现。为此，课题组在联合国人口基金的支持下，开展了"实施全面两孩政策的配套改革及政策取向"研究，通过人口数据分析、小组深度访谈、家庭决策模型等研究方法，从制度建设、政策效果、影响因素、对策建议等方面，全方位评估了全面两孩政策及配套改革的实施情况。具体研究目标和政策评估框架如图1所示。

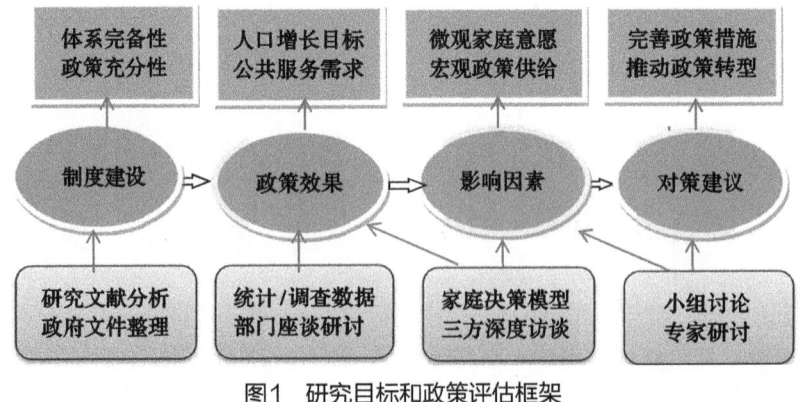

图1 研究目标和政策评估框架

1 全面两孩政策实施情况

1.1 生育政策的演变过程

世界各国对人口发展的认知一直处在不断调整的动态过程中，与此相应的生育政策也不断发生变化。我国的生育政策是在长期实践中逐渐完善形成的。中华人民共和国成立以来，我国的生育政策可以分为以下几个阶段（见图2）。

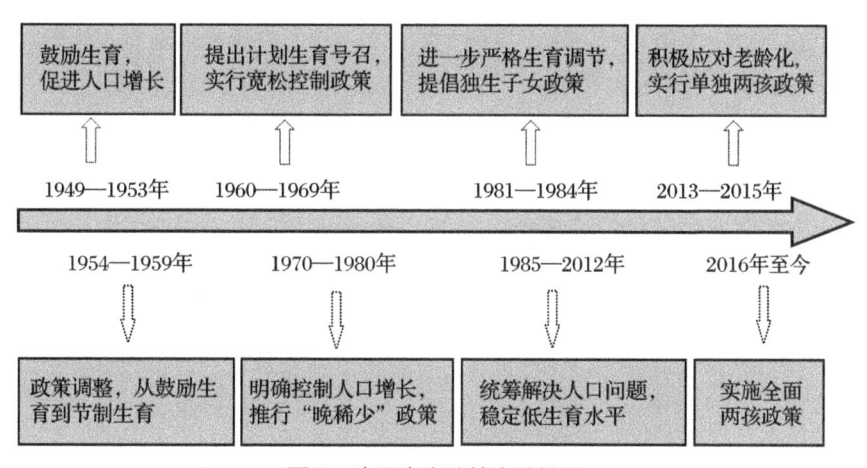

```
鼓励生育，      提出计划生育号召，   进一步严格生育调节，   积极应对老龄化，
促进人口增长    实行宽松控制政策     提倡独生子女政策      实行单独两孩政策
    ↑               ↑                   ↑                   ↑
1949—1953年    1960—1969年         1981—1984年         2013—2015年
                                                                      →
1954—1959年    1970—1980年         1985—2012年         2016年至今
    ↓               ↓                   ↓                   ↓
政策调整，从鼓励生   明确控制人口增长，   统筹解决人口问题，    实施全面
育到节制生育        推行"晚稀少"政策    稳定低生育水平       两孩政策
```

图2 我国生育政策变动情况

1973年7月，国务院批转《关于做好计划生育工作的报告》，强调"要有计划生育"。当年制订的"四五"计划提出，"一个不少，两个正好，三个多了"。

1973年12月，在第一次全国计划生育汇报会上，提出"晚、稀、少"的政策。"晚"指男25周岁、女23周岁以后结婚，女24周岁以后生育；"稀"指生育间隔为三年以上；"少"指一对夫妇生育不超过两个孩子。

1978年，中共中央批转《关于国务院计划生育领导小组第一次会议的报告》，明确提出"提倡一对夫妇生育子女数最好一个，最多两个"。

1980年9月25日，党中央发表《关于控制我国人口增长问题致全体共产党员、共青团员的公开信》，提倡"一对夫妇只生育一个孩子"。

1982年，《中共中央、国务院关于进一步做好计划生育工作的指示》提出，照顾农村独女户生育二胎。

1984年，中央批转国家计生委党组关于计划生育工作情况的汇报，提出"对农村继续有控制地把口子开得稍大一些，按照规定的条件，经过批准，可以生二胎；坚决制止大口子，即严禁生育超计划的二胎和多胎"，这就是"开小口、堵大口"。

1988年3月，中央政治局常委会第十八次会议指出："农村某些群众确有实际困难，包括独生女，要求生二胎的，经过批准可以间隔几年后生第二个孩子。"各省（区、市）根据中央的要求，先后通过制定地方法规或规章对本地区的生育政策做出了具体规定，现行生育政策基本形成。

2013年11月，党的十八届三中全会通过《中共中央关于全面深化改革若干重大问题的决定》，指出："坚持计划生育的基本国策，启动实施一方是独生子女的夫妇可生育两个孩子的政策，逐步调整完善生育政策，促进人口长期均衡发展。"同年12月，中共中央、国务院发布《关于调整完善生育政策的意见》，全国人大常委会通过《关于调整完善生育政策的决议》。

2014年开始，各省（区、市）结合本地实际情况，修改相关地方法规或者做出专门规定，启动实施单独两孩政策。

2015年10月，党的十八届五中全会提出全面实施一对夫妇可生育两个孩子政策。同年12月31日，《中共中央 国务院关于实施全面两孩政策 改革完善计划生育服务管理的决定》出台，全面两孩政策于2016年1月1日起正式实施。

从政策的演变过程来看，中国的生育政策更加注重人口长期均衡发展，更加重视对人口发展趋势的研判，更加强调长期目标和短期目标的有效结合，更加追求人口政策与经济社会政策的协调统筹，更加侧重政策实施的正向调节。

1.2 全面两孩政策实施进展

全面两孩政策自2016年1月1日起正式实施后，相关部门出台了一系列配套改革措施，各地也先后修订了《人口与计划生育条例》，制定了实施方案，推动落实全面两孩政策。

1.2.1 修订《人口与计划生育法》：全面两孩政策的主要内容

修订后的《人口与计划生育法》体现出鼓励二孩生育，同时限制多孩生育的突出特征。

一方面，在两孩框架内鼓励生育，提出了有利于家庭生育、养育的政策措施。

- 生育政策：全面两孩；再生育有利原则
- 生育假政策：取消晚婚假，延长产假，增加护理假
- 技术服务政策：自主选择

另一方面，保持了政策的连贯性，延续和加强了对原计划生育家庭的奖励扶助优惠政策，同时保留了社会抚养费征收等对政策外生育的惩罚性措施。

- 独生子女奖扶政策：保留奖励政策，提高扶助标准
- 社会抚养费政策：未做调整

政策调整主要体现在生育政策、生育假政策、技术服务政策、独生子女奖扶政策四个方面。

生育政策：①将"鼓励公民晚婚晚育，提倡一对夫妻生育一个子女"修改为"提倡一对夫妻生育两个子女"，并删除了"鼓励晚婚晚育"的规定；②允许各地按照实际情况对再生育子女进行规定，并明确规定夫妻双方户籍所在地关于再生育子女的规定不一致的，按照有利于当事人的原则适用。

生育假政策：将晚婚晚育的夫妻可获得延长婚假、生育假或其他福利待遇，修改为按政策生育的夫妻可获得延长生育假或其他福利待遇。

技术服务政策：将接受避孕节育措施由原先的强制性规定转变为育龄夫妻的自主选择，更加体现了人性化的政策方向。

独生子女奖扶政策：延续原独生子女家庭奖扶政策，明确原计划生育家庭继续享有独生子女父母奖励、老年人奖励扶助；明确对失独、伤残家庭进行扶助。2016年独生子女伤残、死亡家庭扶助标准分别为每月270元和340元。

《人口与计划生育法》的主要修订内容如表1所示。

表1 《人口与计划生育法》的主要修订内容

	原规定	现规定	主要变动
生育政策	第十八条 国家稳定现行生育政策,鼓励公民晚婚晚育,提倡一对夫妻生育一个子女;符合法律、法规规定条件的,可以要求安排生育第二个子女。具体办法由省、自治区、直辖市人民代表大会或者其常务委员会规定。少数民族也要实行计划生育,具体办法由省、自治区、直辖市人民代表大会或者其常务委员会规定	第十八条 国家提倡一对夫妻生育两个子女。符合法律、法规规定条件的,可以要求安排再生育子女。具体办法由省、自治区、直辖市人民代表大会或者其常务委员会规定。少数民族也要实行计划生育,具体办法由省、自治区、直辖市人民代表大会或者其常务委员会规定。夫妻双方户籍所在地的省、自治区、直辖市之间关于再生育子女的规定不一致的,按照有利于当事人的原则适用	将提倡生育一孩修改为提倡生育两孩,删除了"鼓励公民晚婚晚育"的规定
生育假政策	第二十五条 公民晚婚晚育,可以获得延长婚假、生育假的奖励或者其他福利待遇	第二十五条 符合法律、法规规定生育子女的夫妻,可以获得延长生育假的奖励或者其他福利待遇	保留延长生育假奖励
技术服务政策	第二十条 育龄夫妻应当自觉落实计划生育避孕节育措施,接受计划生育技术服务指导。预防和减少非意愿妊娠	第二十条 育龄夫妻自主选择计划生育避孕节育措施,预防和减少非意愿妊娠	由强制接受转变为自主选择
独生子女奖扶政策	第二十七条 自愿终身只生育一个子女的夫妻,国家发给《独生子女父母光荣证》。获得《独生子女父母光荣证》的夫妻,按照国家和省、自治区、直辖市有关规定享受独生子女父母奖励。法律、法规或者规章规定给予终身只生育一个子女的夫妻奖励的措施中由其所在单位落实的,有关单位应当执行。独生子女发生意外伤残、死亡,其父母不再生育和收养子女的,地方人民政府应当给予必要的帮助	第二十七条 在国家提倡一对夫妻生育一个子女期间,自愿终身只生育一个子女的夫妻,国家发给《独生子女父母光荣证》。获得《独生子女父母光荣证》的夫妻,按照国家和省、自治区、直辖市有关规定享受独生子女父母奖励。法律、法规或者规章规定给予获得《独生子女父母光荣证》的夫妻奖励的措施中由其所在单位落实的,有关单位应当执行。获得《独生子女父母光荣证》的夫妻,独生子女发生意外伤残、死亡的,按照规定获得扶助。在国家提倡一对夫妻生育一个子女期间,按照规定应当享受计划生育家庭老年人奖励扶助的,继续享受相关奖励扶助	延续原独生子女家庭奖扶政策;明确了原计划生育家庭继续享有老年人奖励扶助

1.2.2 修订地方条例：各地生育政策的差异化

截至2016年11月底，我国有29个省（区、市）完成了地方条例的修订。各地修订后的条例在政策方向上保持了基本一致，但也体现了一定的差异性。

在生育政策方面，对已经有两个子女的夫妇再生育的条件，各地的规定有所不同。如山东省规定，再婚夫妻各生育一个子女，再婚后已共同生育一个子女的，经批准可以再生育子女；河南省规定，夫妻双方合计已生育两个子女，且没有共同生育子女的，可以再生育。山东省规定两个子女中有一个子女经依法鉴定为病残儿，不能成长为正常劳动力的，即可再生育，而河南省则规定经鉴定两个子女均为非遗传性病残儿的才可再生育。

部分省（区、市）的政策体现了民族和地区差别。例如，内蒙古非城镇蒙古族公民可生育三孩，尊重达斡尔族、鄂温克族、鄂伦春族公民的生育意愿；宁夏山区八县少数民族农村居民、青海牧区少数民族牧民可生育三孩；广西规定，长期居住在边境地区的农村居民可以生育三孩。

在奖励假政策方面，各地均取消了晚婚假，同时在国家规定的98天产假基础上不同程度地延长了产假天数，并设立了男方护理假。例如，天津、上海、江苏等地延长产假1个月；湖南、山东等地延长2个月；吉林、重庆等地产假最长可达1年。护理假多数地区为15天，山东、天津等地为7天，河南等地长达30天。另外，河南等地还规定，独生子女父母年满60周岁后，在住院治疗期间，子女可享受每年20日的护理假。具体情况如表2所示。

表2 2016年各地产假/护理假天数

地区	产假	护理假	地区	产假	护理假	地区	产假	护理假
河南	158	30	安徽	158	10/20	北京	128/158	15
海南	158	15	江西	158	15	天津	128	7
黑龙江	180	15	山东	158	7	上海	128	10
甘肃	180	30	湖南	158	20	江苏	128	15
陕西	158/168	15/20	四川	158	20	浙江	128	15
吉林	158/365	15	贵州	158	15	湖北	128	15

续表

地区	产假	护理假	地区	产假	护理假	地区	产假	护理假
福建	158/180	15	云南	158	30	广东	178	15
河北	158	15	青海	158	15	西藏	365/128	0
山西	158	15	宁夏	158	25	新疆	128	15
内蒙古	158	25	广西	148	25			
辽宁	158	15	重庆	128/365	15			

注：截至2016年底，西藏、新疆《人口与计划生育条例》仍未调整，表中为原条例规定。

在奖励性政策方面，多数地区都提高了对计划生育特殊困难家庭的扶助标准。例如，2016年山东省对独生子女伤残和死亡家庭给予一次性5000元的救助，并对女方年满49周岁以上家庭的夫妻，给予伤残家庭每人每月400元、死亡家庭每人每月500元的特别救助金。陕西省对失独家庭每户发放一次性补助3万元；对年龄在60周岁以上的失独家庭夫妇，每人每月发放1000元；失独家庭有再生育意愿的，辅助生育技术服务所需经费由省级财政承担。

在惩罚性政策方面，各地都明确规定对政策外生育行为继续征收社会抚养费，但各地征收标准和力度差别较大。目前，有20余个省（区、市）针对超生行为明确了社会抚养费标准，从上年社会平均工资的2～3倍到3～10倍不等。广东、江苏、山西、内蒙古、贵州等地还与超生人群的收入、职业等挂钩，对于三胎以上的超生、重婚超生等加大了征收力度。部分地区正在试点将未按规定缴纳社会抚养费的人员列入失信名单。

1.2.3 推进配套改革：制定工作方案和出台配套措施

生育政策调整产生的影响辐射在社会生活的各个领域，涵盖医疗卫生、教育、就业、社会保障等方方面面，需要同步推进包括生育支持、幼儿养育、青少年发展、性别平等、老人赡养、病残照料等在内的发展政策和服务体系。

1.2.3.1 制定工作方案

中共中央办公厅、国务院办公厅印发了《贯彻落实〈中共中央 国务院关于实施全面两孩政策 改革完善计划生育服务管理的决定〉重点任务分工方案》，对构建有利于计划生育的家庭发展支持体系等5个方面、41项重点任务进行了分工，确定了牵头和参加单位。

原国家卫生计生委制定了《关于实施全面两孩政策 改革完善计划生育服务管理的工作方案》，具体部署了强化妇幼健康能力建设、合理配置托幼教育资源、加强妇女劳动权益保障等11个方面、26项工作，明确了牵头部门和完成期限，以协调推进全面两孩政策的落实。

各省级政府先后制定了相应的实施意见。如江西、广东等18个省（区、市）制定了贯彻落实《中共中央 国务院关于实施全面两孩政策 改革完善计划生育服务管理的决定》的实施意见，湖南、四川等15个（区、市）印发了贯彻中共中央办公厅、国务院办公厅《关于坚持和完善计划生育目标责任管理制的意见》的实施意见，确保全面两孩政策平稳实施。

1.2.3.2 出台配套措施

（1）提升妇幼健康服务水平。将妇幼健康服务能力建设作为重点保障工程，纳入"十三五"全面健康保障工程专项建设规划，进一步完善服务体系。一是加强对基层医疗卫生机构的业务指导，增强对高龄孕产妇的管理服务能力和临床救治能力；二是完善儿童医疗领域改革，增加床位供给，加强儿科医务人员队伍建设，缓解资源短缺问题；三是强化优生优育全程服务，提供免费孕前优生健康检查，落实孕产期保健、儿童保健等基本公共卫生服务项目，加强重大出生缺陷防控；四是全面推进知情选择，提供安全有效适宜的避孕节育服务。

《关于加强儿童医疗卫生服务改革与发展的意见》提出，加强儿童医疗卫生服务改革与发展的主要目标是：到2020年，建立健全功能明确、布局合理、规模适当、富有效率的儿童医疗卫生服务体系，每千名儿童床位数增加到2.2张。加强儿科医务人员队伍建设，每千名儿童儿科执业（助理）医师数达到0.69名，每个乡镇卫生院和社区卫生服务机构至少有1名全科医生提供规范的儿童基本医疗服务，基本满足儿童医疗卫生需求。

（2）推进托幼、教育、就业和权益保护等配套服务。开展婴幼儿托幼服务需求调查，研究制定婴幼儿托幼服务机构标准及管理办法。支持高校增加儿科学本科专业招生，开展一体化儿科医生培育。完善学前教育公共服务体系，加快普惠性幼儿园建设，扩大学前教育资源供给。加快推进公共场所和用人单位母婴设施建设，加大对侵犯女职工合法权益行为的惩戒力度，维护女职工生育权利。

有关部门研究制定的相关配套政策

➢ 《关于做好2016年农村义务教育阶段学校教师特设岗位计划实施工作的通知》

➢ 《关于做好2016年中小学幼儿园教师国家级培训计划实施工作的通知》

➢ 《关于做好2016年中央财政支持中西部农村订单定向免费本科医学生招生培养工作的通知》

➢ 《重大劳动保障违法行为社会公布办法》

（3）探索生育保险并入医疗保险。"十三五"规划纲要提出，"将生育保险和基本医疗保险合并实施"；《2016年深化改革重点工作意见》也提出，要"研究制定医疗保险和生育保险合并实施试点方案"。人力资源社会保障部选定了12个城市，决定于2016年、2017年进行先期试点，在此基础上，2018年在全国全面推开。试点工作要坚持"四个统一"和"一个不变"，即统一参保登记、统一基金征缴与管理、统一医疗服务管理、统一经办和信息服务，原有生育保险的生育待遇不变。

生育保险并入医疗保险有利于全面提高制度受益面

相比国外成熟的生育保险体系，中国的生育保险覆盖面较小，实际参保率较低，并且主要分布在城市地区。为了进一步扩大制度的受益面，有必要将生育保险并入医疗保险。我国生育保险整体参保率不高，2015年城镇从业人员约有4.04亿人，而生育保险参保人数只有1.78亿人左右，参保率仅为44%，且缴费基数不实，广大农村地区覆盖面较低。同时，我国生育保险的领取率也很低，2015年享受生育保险待遇的人数约为641.9万人，仅为参加生育保险人数的3.6%。如果两险合并，将参保群体扩大到医疗参保的所有人群，则在提高运行效率的同时，也是对社会公平的维护。为此，2016年4月，人力资源社会保障部与财政部共同发布《关于阶段性降低社会保险费率的通知》，明确生育保险要与基本医疗保险合并，同时积极整合城乡居民基本医疗保险制度，推动医疗、医保、医药联动改革。

2 全面两孩政策的主要效应

全面两孩政策的实施引起了学术界关于该政策对中国人口、经济、教育、社会稳定等多方面影响的讨论。

2.1 全面两孩政策对出生人口的影响

2.1.1 出生人口的变动

全面两孩政策实施以后，一些积极效应已经初步显现，如生育意愿有所回升，出生人口明显增加，二孩出生的贡献大幅提高。但是对政策效果趋势的判断，目前仍然存在一定的分歧。

（1）出生人口数明显回升。根据国家统计局发布的1‰抽样调查推算数据，2016年出生人口达到1786万人，比上年增加131万人，同比增长7.92%，是2000年以来出生人口最多的年份（见图3）。

（2）二孩出生明显增加。2013年以前，二孩及以上出生人口占全年出生人口的比重始终保持在30%左右。2014年、2015年这一比重明显提升，2016年达到45%，提高了十几个百分点。

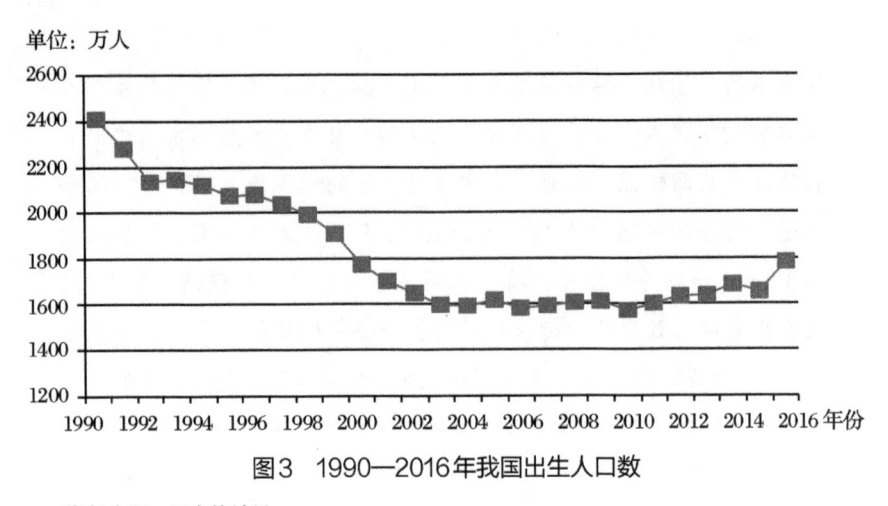

图3　1990—2016年我国出生人口数

资料来源：国家统计局。

2.1.2　出生人口的变动趋势预测

对于全面两孩政策实施后出生人口的变动趋势，目前仍存在一定的分歧。根据原国家卫生计生委的预测，全面两孩政策的释放效应将持续五年左右。2016年出生人口的增长很有可能只是前面单独两孩政策的效应，随着全面两孩政策进一步实施，累积的生育势能将逐步释放。预计"十三五"期间，年出生人口在1700万~2000万人之间，总和生育率在1.8左右波动。

很多学者的预测分析也得出了相对一致的判断：出生人口将在3~5年内出现明显回升；年度新增人口在160万~500万人之间；峰值年出生人口最高可能达到2300万人；总和生育率达到2.0左右；政策效应释放后，生育率会有所回落。

全面两孩政策实施后的出生人口预测

➢ 翟振武、李龙和陈佳鞠（2016）使用分人群分要素回推预测方法研究的结果显示，2017—2021年将累计新增出生人口1719.5万人，峰值不会超过2300万人，大致相当于20世纪90年代前期的出生人口水平，年度新增出生人口数量为160万~470万人。

> 李桂芝、崔红艳、严伏林等（2016）根据当前中国育龄夫妇类型和生育状况推估，全面两孩政策实施后，2016—2018年出生人数将在2000万~2300万人，出生人口最多的年份为2017年，达到2306万人，总和生育率在2左右。

> 黄匡时和张许颖（2016）采用基于年龄移算法的多参数组合测算法，利用最新数据测算得出的结论显示，全面两孩政策实施后，2016年新增二孩人数将达到1720万人。考虑到生育意愿调查中关于二孩生育的回答存在主观性，实际生育行为与生育意愿可能存在偏差，实际新增二孩可能会多于1720万人。

> 王广州（2016）的预测则较为保守。他认为全面两孩政策推行后，2016—2020年每年比较有可能的新增出生人口为230万~430万人，出生堆积期间每年出生人口规模在1900万人以内，5年累计全面两孩政策新增出生人口在1800万人以内。

　　也有的学者认为，该政策对人口出生的影响并不显著。从总和生育率水平与生育意愿看，全面两孩政策推行后，中国育龄妇女的平均生育意愿子女数依然低于2.1的更替水平，因此全面两孩政策对出生量不会构成较大的冲击（顾宝昌，2010）。易富贤（2016）则认为，当前的出生人口数和生育率被大大高估，即使实施了全面两孩政策，中国的生育水平依然处于极低的状态。他认为2015年统计局公布的总和生育率1.05比原国家卫生计生委等部门估计的1.6更接近实际水平。在此基础上，实施全面两孩政策后的出生高峰年里，生育率不可能达到预期的2.1，仅仅会短暂反弹到1.3左右。如果不采取有效的鼓励生育的政策，生育率会重新快速下降。梁建章和黄文政（2017）也对出生人口的统计数据提出疑问，认为当前每年出生人口约在1300万人；实施全面两孩政策后，出生人口将在2017年达到峰值，此后随着生育堆积结束及育龄高峰期女性快速减少，出生人口将急剧萎缩。

2.2 全面两孩政策对中国经济发展的影响

全面两孩政策的实施必定会对中国的人口结构、数量、质量等产生一定的影响，而人口结构的变化又会对经济发展产生影响。在推动全面两孩政策实施的同时，应处理好与之相应的经济问题。

2.2.1 全面两孩政策可能对经济发展具有正向促进作用

生育政策的逐渐放开，能够促使新生人口数量的增加（翟振武、张现苓和靳永爱，2014；曾毅，2015）。基于对人口变化与经济发展现象的观察，有学者指出：一方面，新生人口的增加能够直接带动母婴食品与服饰、医疗卫生与健康、儿童餐饮与娱乐设施、教育、住房等行业的发展，在激发市场消费活力的同时提供就业岗位，从而减轻就业压力（陈友华，2016；黄燕芬和陈金科，2016；原新，2016）。另一方面，新生人口的增加对中国未来的经济增长是十分有益的。同时，教育、科技等的发展有利于提高新增人口的综合素质。当新增人口进入劳动年龄之后，将会提高劳动效率，从而转变人口红利式微的趋势（毛春梅和李美存，2016）。

2.2.2 不能忽视全面两孩政策对经济发展潜在的阻碍作用

在分析该政策实施对经济发展的促进作用的同时，还需要理性分析其带来的负面影响。

首先，我们仍然相信全面两孩政策的实施能够激发女性的生育意愿，增加 0~14 岁人口在总人口中的比重。但是，问题也伴随着年幼人口数量的增多而显现出来。目前，中国市场中劳动力人口的主力军仍然是 20 世纪 70—80 年代出生的人群，他们承担着"上有老，下有小"的重任。而且，从《中国统计年鉴 2015》中关于人口年龄结构与抚养比的统计数据可知，中国的总抚养比较 2014 年有所增加。在相关配套措施没有进一步完善的情况下，以及养老与教育子女的费用大多由家庭承担的背景下，生育二孩这一举措会增加家庭的经济负担。

其次，中国的生育政策并非一直是限制生育的。在中国的大多数农村地区还实行过"一孩半"或"二孩"政策，甚至有些家庭会通过缴纳社会抚养费来多生孩子。城市中的高收入家庭也选择此种方式来满足生育意愿。目前，还有生育意愿的家庭的经济状况主要处于中等偏下水平。而这些家庭的女性常常需要就业，如果生育孩子，则意味着女性要暂时从职场退出，这会进一步影响家庭的收支状况（陈友华，2016；朱奕蒙和朱传奇，2015）。

最后，从宏观层面来看，新生人口的增多也会加重中国的财政支出。鲁蓓（2016）基于人口模型分析的结果显示，若全面两孩政策对人口出生率产生积极的影响，则中短期内会有更多的青少年和不变的老人绝对数。从人口抚养比来看，这也意味着更大的人口负担，而人口抚养比的下降可能需要50~60年的时间。因此，在2050年以前，财政负担不会因为全面两孩政策的实施而减轻。

基于学者们关于全面两孩政策实施对经济的影响的分析，我们认为从长远效果来看，政策的实施对经济的推动效果是十分明显的，但是短期内会给家庭带来经济压力。因此，如何弥补人口政策改革不同时期之间存在的差异是值得进一步探究的。只有做好微观与宏观层次的对接，中国女性的生育意愿才能得到良好的改变，调整人口结构才能顺利进行。

2.3 全面两孩政策对医疗卫生服务的影响

随着生育政策的全面放开，累积生育需求集中释放，出生人口数量增加，高龄孕产妇比例增高，妇幼健康服务的数量、质量和服务资源都将面临新的挑战（国佳和董玲，2016）。此外，有学者调查发现，虽然省、市、县级助产医院分娩二胎的比例均有所增加，但以省级医院增加幅度最大，而县级医院分娩量多有降低。由于分娩量的增加主要在城市地区，所以如何合理分配医疗资源是城区助产医院在短期内需要解决的主要问题（康楚云、高燕秋、宋莉等，2015）。为此，原国家卫生计生委有关领导指示，要增加妇幼保健服务能力供给，加强技术人员的培训；做好分级诊疗，引导群众合理选择助产服务机构；加强咨询指导，增强孕产妇自我保健能力；完善危重孕产妇和新生儿转诊、会诊网络和机制，确保急救通道畅通。

总体来说，生育政策放开后，对妇幼保健服务的需求量会增加，而市场现有的资源状况远不能满足人们的需求。与妇幼保健相关的医疗卫生配套设施存在着地区分布不均衡、资源配置不完备的现象，并且缺乏与助产和妇幼保健相关的人才。

2.4 全面两孩政策对教育的影响

在寄望全面两孩政策缓解中国少子化和老龄化并存的人口问题的同时，不得不重视这项政策引起的人口变动对中国教育领域产生的基础性和全局性影响（李玲和杨顺光，2016；杨顺光、李玲、张兵娟等，2016）。其中，包括对学前教育以及义务教育的班级及学位数量、教职工数量及质量、学校数量、建筑规模以及政府财政支持力度等方面的影响。分城乡来看，由于农村自然生育率下降和人口城镇化的共同影响，农村义务教育在校学生规模受全面两孩政策的影响小于城镇（李玲和杨顺光，2016）。

2.4.1 学前教育形势严峻

全面两孩政策将会为中国每年带来300万～500万的新增出生人口，2020年，中国将迎来第一批"全面二孩"入园，2022年将达到"全面二孩"入园的高峰期（郑益乐，2016）。随后，这一高峰将依次进入小学、初中、高中。但随着全面两孩政策效果的减弱，这一数量也将逐渐减少。郑益乐（2016）根据新增人口数量进行的测算显示，在2020—2022这三年，中国分别需新增1.17万~1.94万、2.33万~3.89万、3.81万~6.55万所幼儿园。近年来，中国幼儿教师队伍整体配置水平一直偏低。杨顺光、李玲、张兵娟等（2016）以2014年学前教育专任教师和保育员规模为基准，推断2016—2035年中国学前教育专任教师和保育员的需求均超过现有的供给规模。同时，学前教育经费需求与供给之间的矛盾特别突出，中国目前的学前教育经费供给水平远远不能满足未来学前教育发展的需求。该研究还以《中国教育经费统计年鉴2014》显示的中国2013年学前教育公共财政预算事业费支出为参照，估算出中国2016年需增加学前教育经费1293.72亿元，2021年需增加3030.87亿元。

2.4.2 义务教育面临结构性矛盾

李玲和杨顺光（2016）将调查数据与《中国教育统计年鉴2013》提

供的数据进行对比，认为中国义务教育阶段现有的教职工规模已经基本可以应对未来全面两孩政策带来的压力，甚至在部分时期会由于在校学生规模缩小而出现教职工过剩的情况。但偏远贫困地区的学校由于教师流失，补充困难，仍存在结构性缺编的问题（周钧，2015）。预计2020年中国义务教育公共财政预算事业费需求将达到15910.73亿元，相比2016年的12800.53亿元，增幅约为24.3%（李玲和杨顺光，2016）。农村小学和初中的校舍建筑面积已经基本满足农村义务教育的发展需求，甚至会出现闲置情况。但城镇小学的校舍建筑严重不足，2016—2023年每年的扩建需求约为14805.66万平方米（李玲和杨顺光，2016）。

2.5 全面两孩政策对女性职业发展的影响

中国全面两孩政策颁布后，媒体调查显示，国民对于"二孩"的有效生育意愿不足三成。基于女性经济学视角，全面两孩政策遇冷的主要原因在于缺乏对生育主体——女性尤其是职业女性的关怀（张霞和茹雪，2016）。研究发现，生育尤其是二次生育使很多用人单位产生增加用人成本的担心，以此给女性职业生涯带来诸多负面影响，如收入惩罚、就业性别歧视、职业升迁困难、职业中断、向下的职业发展，甚至彻底失业等（杨菊华，2014；张霞和茹雪，2016）。

（1）收入惩罚。在劳动力市场中，女性生育和抚养子女会对女性的收入产生负面影响，国外研究者形象地称之为"对母亲的收入惩罚"（李芬和风笑天，2016）。例如，在美国，每生育一个孩子，母亲将面临收入减少7%的惩罚（Budig和England，2001）。在中国，女性在生育当年的工资约下降17%，且市场化改革使生育对女性收入的惩罚力度要大于欧美国家（Jia &Dong，2013）。生育次数与职业母亲的工资率呈现负向的因果关系，并且在生育当年该影响率高达18%（贾男、甘犁和张劼，2013）。究其原因，李芬和风笑天（2016）认为，收入的增长严重依赖于雇主对女性在工作上的投入的认知，即根深蒂固的雇主歧视会限制企业在晋升、培训等有可能增加工资的方面对已育女员工的继续投入，从而抑制已育女性的收入增长，使其收入增长在生育后明显放慢。

(2)就业歧视。生育二孩会显著降低城镇妇女的就业可能性（宋健和周宇香，2015）。生育行为，尤其是多次生育行为，无疑会进一步影响女性工作经历的累积，减少再教育机会，进一步加重女性就业的性别歧视（张霞和茹雪，2016）。张银锋和侯佳伟（2016）的调查显示，如果生育第二个孩子，女性认为自己更难获得工作或赚钱机会的比例明显高于认为不会的比例，两者相差10.4%。有学者担心，生育新政迫使雇主不得不重新评估雇佣女性的二次生育成本及风险，加重原有的就业性别歧视，进而恶化女性的职场生存环境（宋全成和文庆英，2015）。

（3）升职无望、职业中断和职业向下流动。女性由于养育行为而减少的工作时间，等同于流失的工作经验和被削弱的生产力，这势必会导致雇主以降低工资、剥夺升职机会等形式实施惩罚（李芬和风笑天，2016）。相较于其他类型的职业中断，生育型职业中断所引发的收入惩罚最重。平均来看，休产假导致女性的月收入减少1%，而男性的月收入减少0.6%（Gafni和Siniver，2015）。孩子的数量、年龄与女性平衡工作和家庭密切相关，孩子数量越多、年龄越小，家庭冲击工作的风险越大，部分城镇青年女性因此被迫中断工作（杨慧、吕云婷和任兰兰，2016）。第三期中国妇女社会地位调查结果显示，城镇劳动女性中有1/3经历过职业中断，最长的职业中断期近3年，结婚生育和照顾子女是首要原因（李芬，2015）。再次生育与抚养行为会造成女性人力资本贬值，并且为了适应照顾者的角色，已育女性普遍倾向于母亲友好型职业。这种向下的职业流动不仅使生育对于女性的职业惩罚效应长期存在，还固化了劳动力市场中已有的性别隔离，即使是平行的职业流动，对绝大多数女性而言也必须效忠于同一雇主（张霞和茹雪，2016）。具有兼职性质是母亲友好型职业的重要特征，但兼职工作经验的回报小于全职工作经验，而且兼职工作的小时工资通常会低于全职工作（李芬和风笑天，2016）。

2.6 全面两孩政策对家庭功能的影响

21世纪是老龄化的世纪。自2000年起，中国已经进入传统意义上的老龄化社会。人口作为经济的内生性因素，在劳动力供给进入下行通道、人口老龄化趋势不可逆转、经济增长依靠创新驱动的形势下，已然成为备受关注的重大社会问题。

（1）家庭养老功能。风笑天和王晓焘（2016）认为，全面两孩政策的出台将推动中国家庭向"后独生子女时代"过渡。家庭养老是家庭功能的重要组成部分，全面两孩政策能够在未来一定时期内缓解独生子女独自承担家庭养老责任的压力，通过减缓底部老龄化（出生人口少）的方式有效解决家庭养老责任过于集中这一问题。同时，全面两孩政策的实施将有利于中国人口结构和数量的调整，也将有利于应对独生子女政策带来的家庭问题。但是生育政策有明显的滞后性，全面两孩政策可能的影响要随着"二孩"逐渐长大才会显现出来，对于独生子女一代而言，独生子女政策的效应将长期存在。

（2）老年家庭照料成本。曾毅、陈华帅和王正联（2013）采用多维家庭人口预测模型分析发现，全面两孩政策对人口老龄化这一严峻挑战能够起到显著的缓解作用。尽管两孩政策对于老年家庭照料负担的减缓作用需要经过一定时间才能体现，但两孩政策的出台宜早不宜迟，如果该政策出台时间较晚，新增婴孩在很长一段时间内依旧是需要抚养的儿童或青少年，只会进一步加剧那时中年人的家庭总体照料负担。原新（2016）也对该问题表达了观点：人的生命周期约80年，任何出生队列携带的人口信息都会惯性反射到生命周期的任何时段，人口事件具有长期性特征，对生育政策效果的认识要有足够长的观察期，要有大尺度的时空观念和视野。

（3）人口老龄化进程。王金营（2015）更加深入细致地探讨了全面两孩政策在21世纪不同时间节点内对老年人口规模和人口老龄化态势造成的不同影响。其认为，如果以65岁作为老年期的起始年龄，那么在2080年之前政策出生人口尚未进入老年阶段时，生育政策调整具有减弱人口老龄化态势的积极效果，而在2080年之后，随着政策出生人口陆续进入老年期，老年人口规模势必有所增加，而老年人口比重可能会逐渐提高。可以说，在前65年，全面两孩政策对人口老龄化的影响是积极的，而更长远的影响可能发生逆转。王金营对全面两孩政策缓解中国人口老龄化的效果持谨慎乐观态度，认为该政策或许效果有限，但依旧肯定了其在满足人们的生育意愿、缓解家庭内部结构老化、减少养老负担较重的"421"家庭的数量和比例这些方面所发挥的效用。

全面两孩政策出台时间较短，所以将其与改善家庭养老功能相结合的研究，目前仍处于起步及探索阶段。相信随着政策施行的深入，学术界对于该方面的思考及研究将会不断涌现。综合以上各位学者的意见，我们认为实施全面两孩政策无论从初衷还是长远效果来看，都是值得肯定的，但全面两孩政策落地施行时间尚短，其在改善家庭养老功能、减缓家庭养老负担方面究竟能起到多大的作用，仍需要一段比较长的时间来加以检验。

3 影响全面两孩政策效应的主要因素

全面两孩政策对经济社会发展的影响，是通过影响生育意愿，进而影响生育行为来达成的，即"生育政策调整—影响生育意愿—改变生育行为—经济社会后果"。其中，从"生育政策调整"到"影响生育意愿"是一个基础性的过程，也是当下最需要我们进行思考及解决的问题。如果想最大限度地发挥政策效应，就应该进一步出台相关配套政策措施，形成合理的政策群，解决好"如何提升生育意愿"这一前置性问题，使家庭及育龄妇女的生育观念由"只生一个好"向"再生一个好"逐步转变。以下我们主要基于家庭决策模型来分析影响全面两孩政策效应的主要因素。

3.1 家庭生育意愿：生与不生的选择

3.1.1 是否生育二孩的主要考虑因素

一个家庭是否生育二孩，不仅受到夫妻自身因素的影响，而且受到家庭其他成员以及家庭外人员的影响（见图4）。

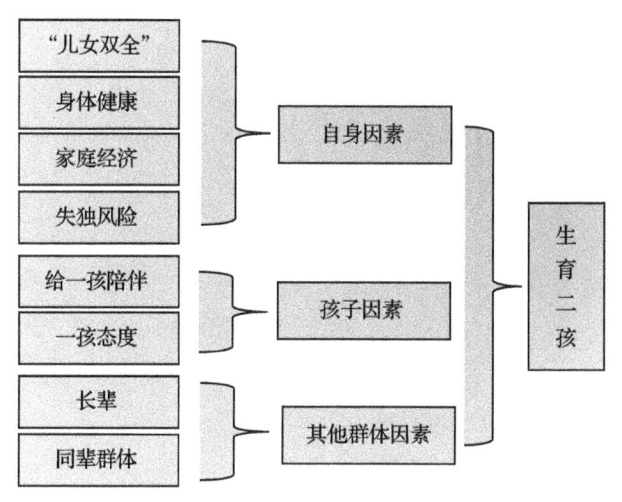

图4 是否生育二孩的主要考虑因素

首先，出于夫妇自身的考虑。是否打算生育二孩主要取决于夫妇的意愿，其中"儿女双全"的美好家庭愿望是最根本的动力，当然家庭经济条件、年龄和健康等因素也影响到夫妇的意愿。另外，对失独风险的担忧也是重要因素。例如，调研中一位访谈对象的担忧带有一定的普遍性："现在失独家庭还挺多的，平时也接触到不少失独家庭。现在再生一个，自己心里也有一个保障。"

其次，出于家中一孩的考虑。除了出于自身考虑外，女性基本上都会考虑到给第一个孩子找个伴："现在孩子都太孤单了。""一个孩子比较孤单，也想给孩子找个伴。""因为我是独生子女，我就会觉得独生子女很孤单，就想给孩子找个伴。"家中一孩对二孩的态度也会影响到夫妇的生育决策。访谈中我们发现，多数父母在决定生育二孩前都会征求家中一孩的意见，并尽量争取得到其支持。

访谈之一
问：您和自己的女儿沟通过想生第二个孩子的想法吗？
答：有沟通过，我女儿说妈妈你生吧，给我生个弟弟或者妹妹。

> 她很愿意，还说妈妈你生了以后我帮你带，我女儿是很容易接受的。她小的时候对这个有点抵触，但是后来她们班里的同学家里有弟弟妹妹的比较多，她也就慢慢接受了。
>
> 访谈之二
>
> 问：您儿子怎么看待呢？
>
> 答：可能是我儿子身边的很多同学家里都是两个孩子吧，而且我儿子自己也跟我表示过再给他生一个弟弟或妹妹的想法，所以他很支持。

最后，其他群体的影响。一对夫妇决定是否生育二孩的时候，会不可避免地受到周围人群的影响。周围人群的生育意愿和行为是一种扩散的环境影响，在一个普遍生二孩的交际圈里，生育二孩的可能性也会增大。另外，二孩生育意愿还会受到家中长辈的影响。现在的长辈往往还具有"多子多福"的观念，放开两孩政策后，有些长辈比年轻人更积极，并主动承担照顾孙辈的工作，这也成为生育二孩的重要支持因素。

3.1.2 优先考虑的因素和相应的社会支持

在是否生育二孩的问题上，不同家庭和个人考虑的因素并不完全相同。为此，我们在江苏、湖南和山东三地共选择了58位育龄女性进行访谈，请被访者列出3项优先考虑的因素。我们将她们提及的主要因素，按照生育时序归纳为6类：①母婴健康——能不能生的问题；②家庭成员——想不想生的问题；③家庭照料——生育后是否有时间养的问题；④家庭经济——是否养得起的问题；⑤子女教育——是否能养好的问题；⑥职业发展——是否能兼顾的问题（见表3）。

表3 育龄女性生育二孩优先考虑的因素

优先考虑的因素	涉及的重点人群	关注的主要问题	需要的政策支持
母婴健康	高龄孕产妇/生育困难夫妇	生育能力/孕产妇健康/婴儿健康	医疗卫生服务

续表

优先考虑的因素	涉及的重点人群	关注的主要问题	需要的政策支持
家庭成员	高龄产妇	态度（包括一孩）/照护（男方、长辈）	托幼/产假/护理假
家庭照料	独生子女/大龄夫妇	子女照料/父母照料	托幼/养老服务/生育假
家庭经济	经济困难家庭	孕产检/分娩/托幼/教育/养老	医疗卫生/托幼/教育/养老/社会保障
子女教育	全部家庭	优质教育资源竞争	学前教育/义务教育
职业发展	企业就业女性	就业/收入/福利/晋升	就业保护/社会保险

调查结果显示（见图5），多数被访者首先考虑的是谁来养的问题，即家庭照料是被提及最多的因素，在58位被访者中有49人提及（占84.5%），其他因素依次为母婴健康、家庭成员、家庭经济、子女教育、职业发展。不同人群也表现出不同的关注点和社会需求。

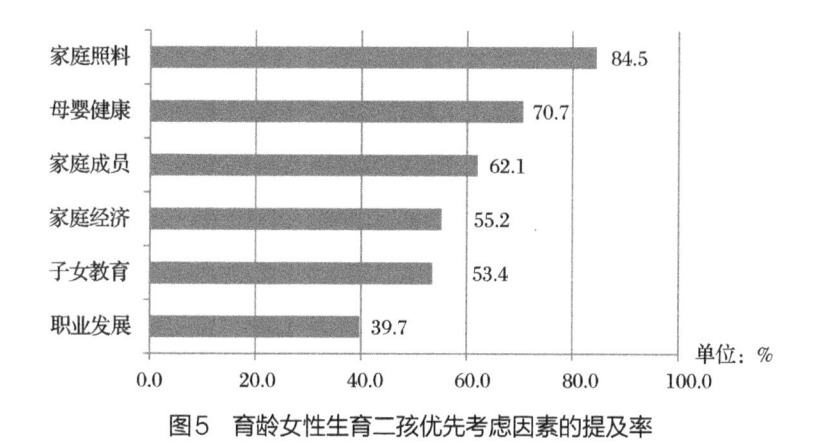

图5 育龄女性生育二孩优先考虑因素的提及率

第一位：生育后是否有时间养的问题。独生子女家庭、大龄夫妇往往在时间和精力方面面临更大的压力。他们一方面要考虑到对新生子女的照料，另一方面要兼顾对年老父母的照料，因此对更为便捷的托幼、养老服务提出了更多的需求。

第二位：能不能生的问题。能不能生育、能否健康生育，是多数高龄孕产妇和生育困难夫妇不得不面对的问题。只有强化生育支持技术，提供更完善的孕产妇和婴儿健康服务，才能推动更多家庭实现生育二孩的意愿。

第三位：想不想生的问题。生不生二孩，往往是家庭集体决策的结果，女性不仅要获得配偶的支持，还要征求一孩、父母等家庭成员的支持。这种支持不仅是态度上的赞成，有时候还需要得到家庭成员在后续子女照料等方面的支持。完善的托幼服务、产假和护理假制度以及生育保险和补贴支持，能在很大程度上缓解她们的生育顾虑。

第四位：是否养得起的问题。从调查结果来看，在生育决策中，家庭收入水平并不是一个显著的影响因素。提及这一问题的主要是经济困难家庭，另外有部分家庭担忧能否负担优质的公共服务资源。

第五位：是否能养好的问题。一旦决定生育二孩，此后家庭的考虑不仅是把孩子养大，而且要让孩子成才。因此，在考虑子女教育问题时，更多家庭关注的是能否享有优质教育资源。

第六位：是否能兼顾的问题。生育对女性职业生涯的影响是客观存在的现实，特别是在企业任职的女性有更多的担忧，她们希望能得到更完善的就业保护和社会保险支持。

3.2 宏观政策：政策的推动和制约

3.2.1 全面两孩政策框架初步形成

全面两孩政策出台后，同步推动配套政策改革一直是政策实施的重点任务。目前，政策框架已经基本完备。从政策体系来看，修订了相关法律法规，出台了相应的政策措施，推动了医疗卫生、教育、就业、社会保障等方面的配套改革。从政策内容来看，涵盖生育支持、幼儿养育、青少年发展、性别平等、老人赡养、病残照料等各个方面。从目标人群来看，既关注到高龄孕产妇、生育困难夫妇、经济困难家庭、职业女性等受政策影响较为显著的群体，也兼顾了独生子女家庭、独生子女伤残和死亡家庭以及接受计划生育手术的妇女等原政策下的弱势群体。全面两孩政策及配套服务政策体系内容如表4所示。

表4　全面两孩政策及配套服务政策体系内容

政策体系	具体内容
全面两孩政策体系	生育政策：提倡一对夫妇生育两个子女
	生育假政策：取消晚婚假，延长产假，增加护理假
	技术服务政策：自愿接受避孕和计划生育技术服务
	独生子女奖扶政策：独生子女父母奖励；计划生育家庭老年人扶助；独生子女病残、死亡扶助；等等
配套服务政策体系	生育支持政策：妇幼保健和卫生技术服务，生育保险
	幼儿养育政策：托幼服务
	青少年发展：学前教育，中小学教育
	性别平等：就业支持，劳动权益，男性参与
	老人赡养：养老服务，社会保障
	病残照料：助残服务，社会保障

3.2.2　政策措施依然需要进一步完善

（1）政策宣传的全面性有待提高。全面两孩政策实施以来，有关部门以多种形式进行了宣传，极大地提高了政策的普及性，几乎所有居民都从不同途径了解到了这一政策。但从调研中我们发现，居民对政策内容的了解并不全面。很多居民对全面两孩政策的理解仅仅局限在"提倡一对夫妻生育两个子女"上，而对产假、生育假、生育保险等政策的变动并不清楚，也不了解孕前、产前检查等与生育相关的配套服务。

（2）对政策理念的解读仍然存在较大的分歧。全面两孩政策虽然废止了"一胎化"，但在提倡一对夫妻生育两个子女的同时，依然控制三孩及多孩生育，从而产生"提倡生育"和"限制生育"的认识冲突，也造成各地在政策执行中的摇摆现象。如对社会抚养费的征收，有的地方从严管理，而有的地方则从宽处理。

（3）导向性政策的强度相对较弱。目前出台的全面两孩政策及配套措施，可以说仅仅取消了对二孩生育的限制，并没有制定鼓励性的政策，如缺乏抚育津贴、税收减免等家庭支持政策，因而不能有效打消居民生育二孩的顾虑。

4 全面两孩政策配套改革面临的主要挑战

生育政策的配套改革涉及教育、就业、社会保障等方方面面。随着全面两孩政策的实施，近期会对医院接产能力、婴幼儿保健等医疗服务保障形成一定的压力，中长期则会对托儿所、幼儿园、中小学等公共服务资源形成一定的压力。

4.1 医疗卫生服务总量短缺和结构性紧缺并存

在单独两孩政策和全面两孩政策叠加下积累的再生育需求将在近年内集中释放，因此对于妇幼保健等卫生计生服务资源的需求将较大幅度增加，特别是优质教育资源不足的问题将更为突出。

在妇幼医疗机构方面，床位供需总量大体平衡，但结构性矛盾突出。调研情况显示，近年来随着妇幼保健机构的新建和改扩建，医疗机构的床位数在总量上基本可以满足增长的需求，但城市资源尤其是优质资源紧缺。以湖南省为例，当前约90%的孕产妇选择在县级以上医疗机构分娩（其中，约65%在县级，约25%在省、市级），选择乡镇卫生院分娩的仅占10%左右，供给和需求在空间结构上错配明显。

在产科医护人才队伍方面，一是随着出生人口快速增长，医护人才需求增多；二是医护人员女性占比较大，行业内部生育需求增加也降低了人力资源供给，产科和儿科医师、助产士等人才短缺问题明显。

在服务能力方面，生育人群中高龄孕产妇显著增多，对妇幼保健医疗服务能力的要求更高。如2015年山东全省育龄妇女中35岁及以上的人数占22.7%，符合全面两孩政策的目标人群中40岁以上的占一半的比例。在高龄、高危孕产妇增多的形势下，母婴安全风险和出生缺陷发生风险加大，医疗服务水平和急救能力面临挑战。

4.2 幼儿养育压力成为制约生育的首要因素

在我们的访谈中,孩子照料是提及最多的影响生育的因素。原国家卫生计生委2015年生育意愿调查结果显示,在受访者不愿生育第二个子女的原因中,"经济负担大""太费精力""无人看护"的提及率分别为74.5%、61.1%、60.5%。

当前托幼服务资源严重不足,无法满足居民对婴幼儿日间照看的需求。2016年原国家卫生计生委的调查显示,我国0~3岁的婴幼儿中80%是由祖辈参与照料,仅有4.1%的婴幼儿进入托幼机构。在不愿生育二孩的女性中,有60.7%是考虑到孩子无人照料;在有3岁以下孩子的18~45岁城镇女性中,有近1/3的人因为孩子无人照料而被迫中断就业。可见,3岁以下托幼服务资源严重不足,直接影响到家庭的生育选择和幸福感,也影响到全面两孩政策的实施效果。

4.3 公共教育需求倒U形反转蕴藏结构性风险

教育资源配置既要有效满足短期内快速增长的入学需求,又要防止学龄人口下滑后的资源空置浪费。

(1)学前教育供给依然存在较大缺口。近年来,我国学前教育发展较快,2015年学前三年毛入园率达到75%左右,按照"十三五"规划的目标,2020年将达到90%以上。但在此期间,我国学前教育人口依然在保持增长(见图6),特别是全面两孩政策实施之后,短期内新增人口对幼儿园的供给会产生更大的压力。从人口增长趋势来看,我国将于2020年迎来第一批"全面二孩"入园,2022年将达到"全面二孩"入园的高峰期(郑益乐,2016)。根据山东省的预测,随着全面两孩政策的实施,幼儿园在园数将在2021年达到峰值,比2015年增加70%。目前,无论是学前教育机构、教育经费还是专任教师和保育员,都无法满足学前教育需求。另外,学前教育费用过高,也是居民普遍提及的问题。

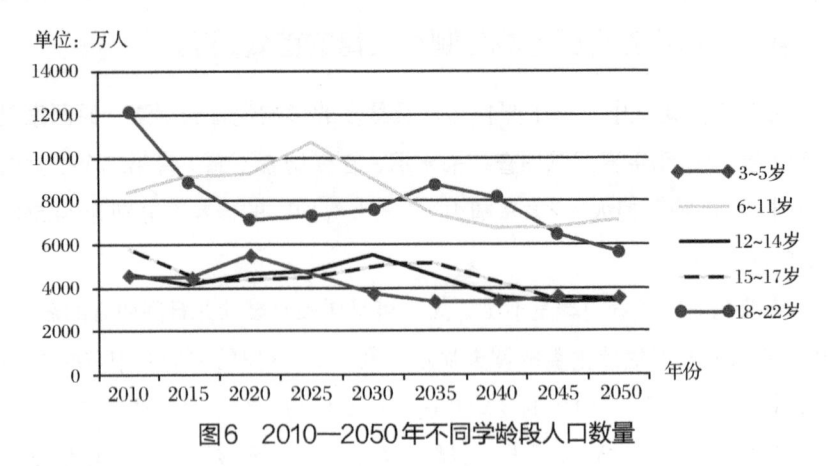

图6 2010—2050年不同学龄段人口数量

资料来源：课题组根据2010年人口普查数据测算得到。

（2）义务教育需求在惯性增长后将趋于减少。"十三五"时期我国小学和初中阶段的学龄人口规模将呈惯性增加的态势，对义务教育阶段的学位需求持续攀升，但2021—2025年义务教育阶段的学龄人口将稳中趋降，资源闲置压力将逐步增大。此后各学龄段人口数量将呈现下滑趋势，公共服务资源优化和转型将成为新的矛盾。同时，也应该防范部分偏远贫困地区出现因教师流失造成的结构性缺编问题（周钧，2015）。

4.4 促进家庭发展的经济支持政策缺失

（1）延长生育假期间的工资福利难以落实。修订的《人口与计划生育法》明确提出符合政策生育子女的夫妻可以获得延长生育假的奖励，各地在全面两孩政策落实中也设计了生育假延长办法，如《山东省人口与计划生育条例》在国家规定的产假外增加了60天产假，并给予男方7天护理假。但在实际执行中，一些地方规定新增加的产假期间的工资福利等由用人单位支付，一些地方则没有明确规定具体的支付渠道，因而生育二孩的女职工在产假延长期间的待遇难以真正落实。

（2）生育和养育子女产生较大的经济压力。受经济收入、住房、教育等因素制约，不少居民担心生育成本高、养育负担重、经济压力大，对生育第二个孩子顾虑重重。调研发现，城市和农村地区一孩为男孩的家庭，在生育第二个孩子的问题上顾虑都比较大,因为这将在现在和未来很长一段时间给家庭带来很大的压力。

4.5 妇女权益保障政策配套不完善

生育对于女性职业发展的影响是普遍的。从推动女性职业发展的角度来看,虽然现在我国社会已基本消除了对女性就业的显性歧视,但隐性歧视仍普遍存在,而全面两孩政策的实施将可能加剧这种隐性歧视。各地政府应结合当地社会经济发展实际情况,完善相关生育福利政策,并建立相关机制给予女性优待,如进一步完善生育保险制度、扩大覆盖范围和延长享受时间。

国家规定的生育假期政策保障了女性特定的生育时期内工作保留的权利,使已育女性在一定程度上避免了劳动力市场风险。但是部分用人单位的女职工集中怀孕、生育、休假的现象,影响到了单位正常的工作秩序,也使女性的就业地位受到影响。另外,国家规定的生育假期政策实际上将一部分成本潜在地强加给了生育女性所在的单位,因此也可能对生育期女性产生不利的影响。

4.6 生育和医疗"两险合并"蕴含财务失衡风险

为提高基金共济能力,降低制度运行成本,我国将逐步推行基本医疗保险与生育保险合并实施。根据2017年2月4日印发的《生育保险和职工基本医疗保险合并实施试点方案》,"两险合并"将在全国12个城市开展试点。然而,在全面两孩政策下,"两险合并"改革的政策环境发生了深刻变化,合并实施将面临更大的风险。

一方面,缴费率下调,基金收入增速下降。人力资源社会保障部、财政部联合印发的《关于适当降低生育保险费率的通知》规定,从2015年10月1日起,生育保险费率下调至0.5%。因此,生育保险基金收入将有所减少。

另一方面,全面两孩政策实施后,短期内生育反弹明显,生育待遇人群规模同步增长;同时,生育假普遍延长显著提高了生育保险人均支出水平,经测算,各省(区、市)的人均支出水平增幅普遍在20%以上,个别地区甚至超过了62%，因而明显推高基金支出规模。

在收支两方面因素的作用下，部分地区的生育保险基金已出现当期收不抵支的情况，制度运行缺口风险增大。例如，湖南省本级、长沙市、岳阳市等已出现当期赤字。

4.7 政策遗留问题蕴含社会风险

全面两孩政策实施之后，如何对待处理过去积极响应独生子女人口计划生育政策的特殊家庭和特殊人员等政策遗留问题尚待破解，部分人群成为政策出台以来新的上访户，尤其是过去计划生育政策实施严格的地区，人口老龄化情况更为严重，地方财政投入更多，"还账"压力更大，面临的维稳压力也更重。

一是失独家庭等困难家庭需要特别关爱。超百万的失独家庭"老无所依"，尽管对其有一定的扶助补助，但在养老照料、精神慰藉等方面还缺乏有针对性的保障服务。

二是社会抚养费征收的历史遗留问题亟待解决。全面两孩政策落地以来，对于是否向过去违反生育政策的人群继续征收社会抚养费、如何征收等问题，执法部门无所适从。政策调整后征收的阻力进一步加大，但如果不征收则会出现"不执行政策的反而没被处罚"的现象，引发已征缴群体的不满。

三是乡村计生专干的待遇需要落到实处。生育政策调整以来，过去在乡村从事计生工作的专干不被理解，感觉"灰溜溜""灰头土脸"，且不满于退休后既不享受村干部待遇，也不能像村医一样享受补贴，所以他们已成为一些地方上访的重要人群。

5 完善全面两孩政策及推进配套改革的建议

5.1 兼顾连续性和发展性，进一步完善全面两孩政策

5.1.1 强化政府责任，托底特殊困难人群

应关注失独家庭、独生子女伤残家庭等计划生育政策特殊困难家庭，

提高帮扶标准，增加帮扶内容，如发放伤残子女康复津贴、照料补助或由政府为计划生育特殊家庭购买服务。对于已经上环的高龄妇女，应该提供取环服务，并关注其术后并发症的解决方案。

> **建立失独家庭养老服务机制**
> 针对失独家庭的特殊情况，我们建议在一定范围内建立专门的失独家庭养老机构，除保证其基本生活外，重点开展精神慰藉、心理疏导、健康保健等方面的工作。鼓励慈善组织、民间团体进入失独老人养老领域，及时有效扶助失独家庭，提高政策之外的关怀和帮助。增加针对伤病残计划生育家庭的帮扶内容，如发放伤残子女康复津贴、照料补助，或由政府出面为计划生育特殊家庭购买服务。将就医、养老、意外伤害保险、免费监护等服务工作进行有机整合，根据经济状况和需求情况，进行全方位的援助。

5.1.2 整合优惠政策，扩展政策受益人群

逐步整合各项计划生育扶助和优先优惠政策，将有助于二孩养育和家庭发展的政策，逐步扩展到生育二孩的家庭。逐步整合计划生育优惠政策与扶贫、惠农等普惠性政策，提高财政资金的利用效率。逐步统一标准，弱化地区和人群的政策差异。全面两孩政策实施之后，中央政府应承担起完善生育政策及配套措施的主体责任，逐步取消或弱化地区之间的各种差异，形成以公平公正为价值取向的全国统一的政策。

5.1.3 注重家庭发展，完善人口政策体系

重视家庭发展的基础性地位，整合人口相关政策，形成涵盖婴幼儿、儿童、教育、就业、生育、养老等全生命周期的家庭发展政策体系、工作体系、服务体系和评估体系，建立综合管理家庭事务的部门或家庭政策协调机制。

5.1.4 更新政策理念，加强政策正向调节

应遵循人口发展规律，顺应经济社会发展要求，尊重家庭自主意愿，

注重服务意识和政策引导。统一政策执行部门的观念，淡化和弱化社会抚养费征收，尽快取消社会抚养费制度，形成稳定的生育政策预期，并减少因社会抚养费征缴而引发的社会冲突和社会矛盾。

5.1.5 坚持需求导向，提高政策精细程度

不同地区、不同人群有不同的服务需求，要提高政策效率，就需要根据服务对象的特点提供个性化服务。例如，对于经济状况较好的"空巢家庭"，提供交流平台，丰富老年人的精神生活，同时多对这类家庭提供定期的生活照料服务和情感慰藉；对于经济状况较差的"空巢家庭"，更加注重经济支持。对于70后高龄产妇，主要提供优孕和辅助生育服务；对于80后和90后年轻产妇，主要为其提供生殖健康、优生健康检查等服务。

5.2 把握人口变动情况和生育服务需求，合理配置公共服务资源

根据人口变动情况和生育服务需求，合理配置妇幼保健、儿童照料、学前和中小学教育、社会保障等资源，满足新增公共服务需求，同时加大政府投入，引导和鼓励社会力量参与和扩大服务供给。

5.2.1 扩大托幼服务资源供给，降低养育成本

探索建立生育津贴、托幼津贴，制定以家庭为单位的税收优惠政策，减轻抚养未成年子女和老人的家庭的负担。探索生育妇女就业税收优惠政策，实现产假类型多样化，如女性的带薪产假、育儿假、临时休假、无薪的育儿假，以及男性的陪产假、看护假、弹性工作时间等。探索更为灵活的生育保险支付方式，在生育假的不同阶段给予不同的保险待遇。

加强托幼资源投入，通过减免税收、适当补贴、用地租房优惠等方式，吸引社会资本进入托幼领域。实施幼儿园低龄化服务，并延长托幼时间，提高托幼服务质量。由政府和社会各界共同建立关于托幼服务的基金，对于进入托幼领域的企业和个人实行全方位奖励。

加快推进公共场所和工作场所母乳哺育室建设。设立母乳哺育室，体现了对妈妈们的尊重和关爱，也为开展母乳哺育提供了有效的保障。目前，公共场所的母乳哺育室建设进展较快，但工作场所的母乳哺育室建设相对

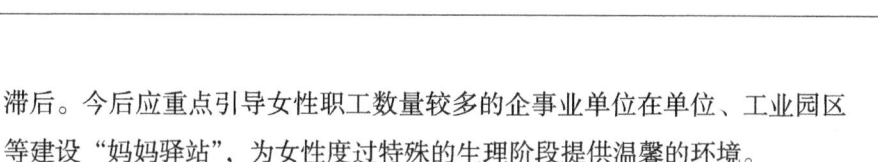

滞后。今后应重点引导女性职工数量较多的企事业单位在单位、工业园区等建设"妈妈驿站",为女性度过特殊的生理阶段提供温馨的环境。

5.2.2 加强妇幼保健服务体系与能力建设

优化妇幼保健服务资源布局,加大对基层妇幼保健服务的宣传力度,提升群众知晓率和认可度。加强产科、儿科建设,增加产科、儿科床位数量,扩大优质妇产科和儿科资源供给,同时对现有医疗机构的功能和科室进行调整、改造,提升普通资源的服务能力。推进医疗联合体建设,利用信息化技术远程医疗等手段,将优质资源下沉到基层。

完善产科和儿科医疗人才引进与培养,联合大学委托培养专业人才,进行对口支援和扶持。建立助产士、产科和儿科医师等紧缺人才激励机制,切实解决产科和儿科医护人员与服务能力短缺的问题。

针对全面两孩政策实施后高龄和高危产妇剧增、出生缺陷发生风险增加等情况,加大出生缺陷防治、科学备孕、优生健康检查、孕产期保健、产前检查等健康知识宣传。支持对新生儿各类疾病及生育过程中可能出现的状况开展研究,并制订应急计划,形成完善的新生儿母婴救治体系。

5.2.3 合理规划和配置教育资源

推动早教行业健康发展。目前,早教服务完全由市场提供,普遍存在服务质量良莠不齐、工作人员素质偏低、服务价格虚高等问题。为此,应进一步加大政府投入,规范和引导早期育儿公共服务发展;通过制定相关政策,鼓励社会资本依托社区或大型企事业单位提供普惠性早期育儿服务,如优惠性租用社区公共服务场所、给予税收减免等;推动形成以社区及单位为依托,以相关社会服务机构为中心,向家庭辐射的早期教育公共服务机制与网络。

具体来说,一是国家必须加大对早教行业的管理,及时评估早教行业质量,发布具有权威性的早教行业评估报告;二是整治"捆绑式"消费现象,促进早教服务费用合理化;三是国家相关部门,如民政部和卫生健康委可联合起来致力于早教事业的发展,将公办教育资源引入该领域,打破公办教育在0~3岁这一阶段的真空状态;四是注重培养专门性人才,使其能够提供满足公众需求的完善早教服务;五是在经济发展较好的地区出台幼儿早教补贴政策，解除大多数家庭的后顾之忧。

完善学前教育与义务教育。应密切监测新增人口变化状况，明确入园、入学人口规模变化趋势，避免盲目配置教育资源。整合现有教育资源，分担全面两孩政策产生的压力，理性分析公众对幼儿教育和义务教育的需求状况。加快完善以公办园和普惠性民办园为主体的学前教育公共服务体系，着重解决"入园难"问题。同时，扩大学前教师培养规模，确保教育师资质量，建立科学有效的学前教育督导评估制度（杨顺光、李玲、张兵娟等，2016）。借鉴山东等地设立临时周转编制专户的经验，加强对教师资源的统筹配置和管理能力，创新应对义务教育师资需求的波动性。

5.2.4 切实促进社会性别平等

增强全体国民的社会性别平等意识，创造有利于社会性别平等的社会环境。女性是二孩生育过程的承担主体，她是否想要生育，她的身体是否允许生育，她愿不愿意因为生育而中断自己的工作等，都应当由女性自己决定，而不能让别人包办，更不能强迫女性生育二孩。

高度重视妇女劳动权被侵犯的风险。进一步完善保障妇女劳动权立法、监管和宣传教育，防范全面两孩政策下出现就业机会不平等、女性就业率低、职业性别隔离严重、女性工资待遇低下等情况。对招用女工的用人单位给予奖励和政策优惠。在减轻二孩母亲育儿的经济成本和时间成本的同时，降低用人单位因此形成的过大的劳动成本，鼓励用人单位对孕产妇实行灵活的工作时间安排，化解保护女工"三期"（孕期、产期、哺乳期）权利与企业发展之间的矛盾，提升用人单位招聘女性员工的积极性。

进一步明确男性在育儿过程中所应肩负的责任。生育是夫妻双方共同的决定，育儿的责任和权益也应当由夫妻双方共同承担与分享。应进一步制定和完善相关的法律法规，倡导夫妻共同分担孩子养育责任和家务劳动。

积极发挥社区的支持作用，给女性更多的关怀和帮助。逐步引导全社会树立"生育不仅仅是个人的责任，更是家庭和社会共同的责任"的意识。在社区增设临时托幼站或日托中心，或通过政府购买服务的方式，优先为社区二孩家庭提供便捷服务。

6. 关于生育政策取向的讨论

6.1 关于政策背景：生育率仍将回落到较低水平

全面两孩政策于2016年1月1日起正式实施，其政策效果目前还难以通过统计数据准确反映出来。但综合各方面的研究，我们认为，实施全面两孩政策仍然难以改变生育率偏低的态势。

（1）政策效应初步释放。实施全面两孩政策后，短期内会推动生育水平反弹，主要表现为二孩出生显著增长，出生人口总量有所增加。

（2）出生反弹强度不高。较为乐观的估计是，政策效应可在3~5年内完全释放，总和生育率反弹最高值在1.8~2.1之间。

（3）生育率将重新回落。在政策效应释放之后，生育率极有可能重新回落到1.6左右的较低水平。

6.1.1 总体生育意愿已转向少生，生育水平缺乏持续反弹的基础

一般而言，在低生育率社会，生育水平显著低于生育意愿。根据2010年、2011年《中国综合社会调查》结果，20~44岁妇女的平均理想子女数分别为1.78个、1.88个。2013年原国家卫生计生委在29个省（区、市）的调查显示，20~44岁妇女的平均理想子女数为1.93个。2016年，全国妇联《实施全面两孩政策对家庭教育的影响》调查报告显示，有53.3%的一孩家庭没有生育二孩的意愿，在发达地区、城市地区、拥有高学历的受访者中，60%以上不愿意生育二孩。虽然我国生育意愿可能受到生育政策的限制，但诸多研究表明（郑真真，2011；顾宝昌，2011；谭雪萍，2015；庄亚儿、姜玉、王志理等，2016；王广州，2016），中国的实际生育水平依然低于意愿生育水平。

低生育率国家和地区的实际生育水平一般低于生育意愿

生育意愿转化为生育行为，会受到个体因素和经济社会因素的影响。

尽管生育意愿与实际生育行为之间会存在一定程度的偏差，但它在一定程度上反映了人们的生育需求，对于预测未来人口出生率与人口结构具有重要意义。大量研究表明，已完成生育转变或处于生育转变尾声的国家或地区，意愿生育水平要高于现实生育水平。例如：

➢ 美国2010年意愿生育率约为2.5，总和生育率约为2.0。

➢ 多数欧洲发达国家的生育水平远远低于更替水平，但人们的生育意愿仍在更替水平以上，如1989年欧洲12国的调查表明，人们的平均生育意愿是2.16个子女，而实际生育率平均仅为1.6。

➢ 亚洲的日本、新加坡、泰国、中国台湾等国家和地区，生育意愿与行为之间也存在类似的现象，如日本的意愿生育率长期保持在2.5左右，而实际生育率在1.2左右。进入20世纪90年代以后，中国的实际生育水平已经低于生育意愿（见图A）。

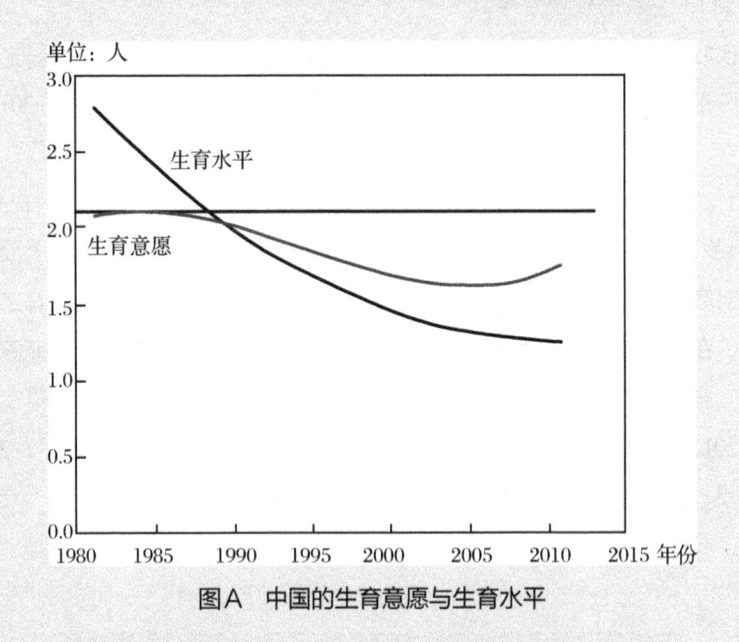

图A 中国的生育意愿与生育水平

资料来源：顾宝昌.生育意愿、生育行为和生育水平[J].人口研究，2011, 35 (2): 45-61.

6.1.2 高龄妇女生育意愿受到多重制约，面临"不敢生"和"不能生"的困境

实施全面两孩政策后，短期内集中释放生育需求的主体人群是70后的高龄育龄妇女。目前，在符合全面两孩政策的9000万左右家庭中，年龄在35岁以上的育龄妇女约占60%，这一人群普遍面临"不敢生"和"不能生"的问题。"不敢生"是因为个人、家庭、社会等多方面的因素，"不能生"主要是年龄等原因导致生育能力下降，最终体现在生育意愿的表达上。根据课题组在山东省的调查，2015年符合全面两孩政策的一孩育龄妇女为620万人，其中40岁以上的占53%；已生育一孩的育龄妇女希望生育二孩的比例为38.4%，其中40~44岁育龄妇女有生育二孩意愿的占25.1%，45~49岁育龄妇女的这一比重只有9.2%（见图7）。

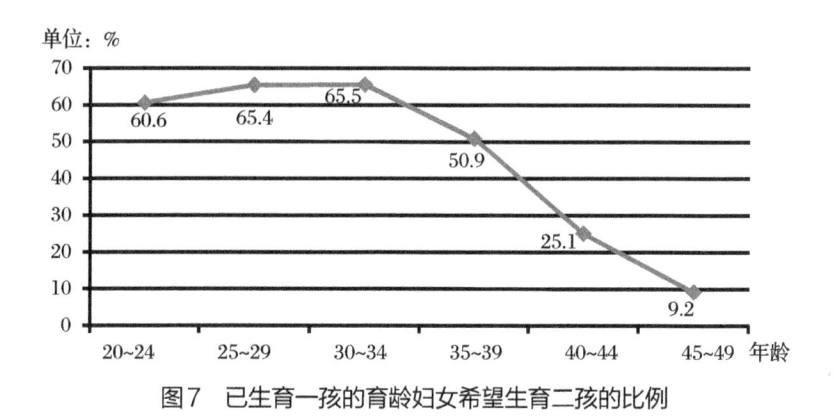

图7 已生育一孩的育龄妇女希望生育二孩的比例

6.1.3 生育旺盛期育龄妇女生育意愿不强，育龄妇女规模快速下降

我们观察到，在二孩出生数增加的同时，一孩出生数却呈现显著减少的趋势。这是因为，一方面，年轻育龄妇女并没有急迫的生育意愿；另一方面，育龄妇女规模在逐年减少。根据2010年人口普查数据，我国90后人口（1990—1999年出生的人口）约为2.12亿人，比80后人口（1980—1989年出生的人口）减少1000多万人；00后人口（2000—2009年出生的人口）约为1.47亿人，比90后人口减少6000多万人（见图8）。随着90后、00后逐步进入生育期，中国的育龄妇女规模和一孩人数会进一步下降。"十三五"期间，

我国育龄妇女总数将由2015年的3.6亿人减少到2020年的3.1亿人。

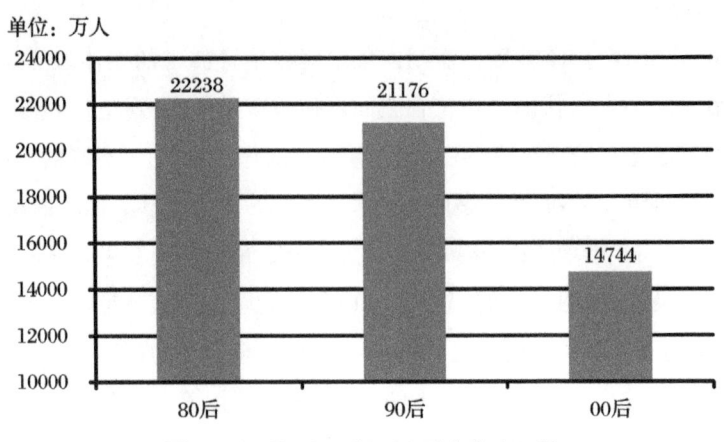

单位：万人

80后	90后	00后
22238	21176	14744

图8　80后、90后和00后出生人口数

资料来源：2010年人口普查数据。

6.1.4　现代化和城镇化等效应叠加，促使生育率继续下降

从长期来看，未来影响生育率变动的因素中，下降因素的作用较为明显，回升因素的作用较为有限。首先，中国城市化进程将进一步加快，城乡人口的流动使城乡生育水平的差距缩小，从而降低全国生育水平。其次，无论城市和农村，平均受教育水平的提高会使生育水平继续下降。最后，现代生活方式和观念不利于生育率回升。

6.2　关于政策目标：促使生育率向合理水平回归

长期以来，我国一直把"维持适度低生育水平"作为生育政策的主要目标。随着生育水平长期走低，并逐步接近"低生育陷阱"的边缘，我国人口长期均衡发展面临严峻挑战。从人口自身平衡来看，我国是一个国际人口迁移很少的国家，所以"生育率维持在更替水平"是人口均衡发展的基础与前提条件，生育率距离更替水平越近，人口均衡发展的能力就越强。在未来一段时间内，满足人口、经济、社会、资源与环境可持续发展的合理生育率水平应维持在1.8~2.3之间。为此，应尽快转变"维持适度低生育水平"的政策思路，促使生育率向更替水平回归并稳定下来。

6.3 关于政策取向：逐步由"计划生育"向"自主生育"转变

"计划生育"是在我国人口过快增长、经济社会和资源环境面临巨大压力的情况下做出的政策选择。随着经济社会的发展，总量已经不是人口发展的主要矛盾，以控制人口增长为主要目标的计划生育政策也逐步失去存在的社会基础。当前的全面两孩政策虽然放弃了"一胎化"，但依然对生育数量进行调控，显然并不符合人口发展的规律和社会发展的要求。在极低的生育水平下，如果实施"限制三孩和多孩"的生育政策，由于存在只生一个和不生的人群，那么即使鼓励二孩生育，也很难达到生育率显著回升的目标。另外，"鼓励二孩"和"限制多孩"并行，不仅容易使政策方向产生分歧，而且容易陷入"政策取向与居民意愿背离"的困境，即政策目标是鼓励没有意愿的人群生育，却限制有意愿的人群生育。这样不仅违背了多数居民的意愿，而且增大了执法成本。

目前是推动"计划生育"向"自主生育"转变的有利时机。一方面，可以顺势延续全面两孩政策的效应，助推生育率平稳回升，这是缓解人口结构矛盾的有效途径；另一方面，可以充分尊重家庭生育意愿，化解政策目标与居民意愿背离造成的社会冲突，这是"以人民为中心"的发展思想的最根本体现。

6.4 关于政策路径：构建生育友好型政策体系

6.4.1 加强人口监测评估，做好政策储备和预案

（1）加强人口监测评估。为避免生育政策的大起大落，应保持一定的政策定力。应从数据收集和分析入手，加强对人口变动的监测评估，为把握政策调整的方向和时间节点提供更扎实的支撑。首先，要加强技术研发，结合世界人口预测前沿技术方法，形成适合我国的人口预测技术和模型；其次，要在加强人口基础信息采集和统计工作的同时，加快信息公开和共享。

（2）凝聚社会共识。当前对人口变动趋势的判断和人口政策的选择依然存在较大的争议，主要原因是人口数据和分析结论缺乏权威性，众说纷

纭。建议以2018年1%人口抽样调查和2020年人口普查为契机，向社会各界全面开放人口数据的调查方法、调查流程和原始数据；鼓励社会各界进行人口数据分析，及时跟踪研究进展；整合社会专家资源，形成权威的官方人口形势分析报告，公布数据分析的全过程，为学术研讨提供共同的平台，推动研究共识的达成。

（3）积极储备政策预案。借鉴国内外实践经验，研究讨论不同生育情景下的人口政策措施。重点加强低生育水平下的经济社会支持政策研究，对相关政策背景、政策内容、政策效果等进行全面评估，并通过整合创新，形成体系化的政策储备和政策预案。

6.4.2 把握政策时机，加快推动人口政策转型

重大政策的优化调整需要把握节奏，可以采取小步快跑的方式加以推进。

（1）明确促使生育率向合理水平回归的政策目标，形成稳定的社会预期。从人口安全角度来看，生育率保持在更替水平左右是较为合理的选择。从社会环境和人口发展规律来看，今后我国生育率和出生人口将长期处于较低水平，促使生育率回升将是一项长期的工作任务。

（2）尽快推动由"计划生育"转向"自主生育"，理顺政策目标与家庭意愿。取消一切限制生育的政策，加强对家庭自主生育的经济社会政策支持，健全基于家庭意愿的生育友好型政策体系。建议明确取消社会抚养费征收，取消控制人口数量的政策目标。

（3）适时推进生育促进政策，制定新形势下的人口新国策。应从数据收集和分析入手，加强对人口变动的监测评估，凝聚社会共识，储备政策预案，从而为把握政策调整的方向和时间节点提供更扎实的支撑。建议以2018年1%人口抽样调查和2020年人口普查数据为基础进行研究，如果生育率形成向上趋势，则重点完善家庭自主生育人口政策；如果生育率没有显著回升或者持续下降，则在2021年启动全面鼓励生育的综合政策措施，制定新形势下的人口新国策。

附录：部分低生育率国家鼓励生育的家庭支持政策

当前，很多低生育率国家采取了鼓励生育的政策。我们选择了15个国家和地区（包括欧洲的德国、法国等10个国家，亚洲的日本、韩国、新加坡和中国台湾地区，大洋洲的澳大利亚），总结其生育支持政策并进行归类。具体内容如表A所示。

表A 部分低生育率国家鼓励生育的家庭支持政策

政策	项目		国家和地区	主要内容
生育给付			法国、芬兰、比利时、意大利、德国、澳大利亚	一次性奖励
			新加坡	新生儿奖励每人6000美元，如第3胎以上，奖励增加到8000美元
			中国台湾地区	各县市额度不一，一般在6000~10000元人民币
经济支持政策	抚育津贴	养育津贴	法国	生育头胎的家庭每月可获得约177欧元的补贴；如果在3年之内生育第2胎，则额度会上升到约600欧元，且补贴将持续到孩子年满6岁；如果再生育第3胎，则补贴会增加到900多欧元，且持续支付到孩子满18岁；第4胎以后补助金额递减
			瑞典	有未满16岁子女的家庭都可申请抚育津贴，普通儿童津贴为每月950克朗，如果该家庭有3个及以上的孩子，则会另有每月950克朗的附加补贴
			德国	有子女的家庭，父母可根据收入水平的高低领取金额不等的、合计14个月的父母津贴，津贴最低为每月300欧元、最高为每月1800欧元
			日本	一个家庭第1个和第2个孩子可以获得每月每人5000日元的补贴，如果有3个及以上的孩子，则第3个之后的孩子每人每月可以获得10000日元的补贴，补贴年限从出生直到小学三年级

续表

政策	项目	国家和地区	主要内容
经济支持政策	托费补贴及教育津贴	法国	孩子的托儿费由政府予以报销，如果是双胞胎或多胞胎，政府还会出资雇佣保姆去家里照顾
		芬兰	3岁以下幼儿未使用公立育儿中心者，每月可获约人民币560~1600元的育儿贴补；3~6岁幼童未使用公立托儿设施者，每月可获约人民币350~1100元的托儿贴补；对于3~6岁幼童受托于私立托儿机构者，由政府直接贴补私立托儿机构，每位幼童每月约人民币785~900元
		瑞典	低龄儿童有教育津贴，还给16岁及以上的初中生或者高中生提供每月950克朗的拓展儿童津贴和学生补助
		新加坡	政府支付高额的托儿费给生育孩子的家庭，即使是没有工作的妇女也可享有托儿津贴
		韩国	低收入家庭的孩子进入保育机构或者托儿所，其费用由政府予以补贴；所有养育0~5岁婴幼儿的家庭都可以获得幼儿园保育费或者家庭养育津贴（20万韩元）
	税收减免	法国	7岁以下儿童的托育费用均可从应缴税基数中扣除；企业兴建托育机构，其成本可以进行税前抵扣
		德国、意大利、瑞典、丹麦、比利时	生育给付和每月的生活津贴不需要缴税
		芬兰	生育给付、生活津贴、托儿津贴、育儿津贴等都可以进行税前抵扣
		新加坡	生育子女的父母可以申请4000新加坡元的退税，如果生育子女4个以上，则退税的上限高达50000新加坡元；职业妇女生育第1个孩子后可少缴15%的税，每多生1个孩子，还可以再少缴5%；如果祖父母帮助养育小孩，也可获得税款的减免；雇佣女佣照顾小孩的家庭可以少缴女佣税

续表

政策	项目	国家和地区	主要内容
时间替代政策	带薪产假	法国	一次生育一个婴儿的妇女，其第一胎产假为16周，第二胎以上产假为26周；生育双胞胎者产假为34周；生育三胞胎者产假为46周
		意大利	产假有22周，休假期间可拿到80%的薪资
		英国	女性的产假时间从半年延长到一年，产假的前6周，产妇可以领取税前工资的90%；之后的33周，每周可以领取工资的90%或者112.75英镑（取两者较低者，且每年进行调整）；再以后的13周，不领取工资
		德国	法定产假是分娩前6周加分娩后8周，这期间孕产妇领取全额薪资，领取的全额薪资由政府福利部门支付一部分（每天13欧元，每周5天），剩下的由雇主支付
		日本	产假为14周，期间能获得60%的薪资
		韩国	产假为90天，可以获得全额薪资
		新加坡	法定强制性产假为8周，休假者可领取全额薪资，之后雇员可通过与雇主协商休最长16周的非强制性产假，休假期间领取50%的薪资，非强制性产假期间领取的薪资由政府负担
	带薪育儿假或临时假	德国	新生儿父母可以享有合计12~14个月的带薪育儿假，期间领取2/3的薪酬，最高不超过每月1800欧元
		瑞典	所有工作的父母每生育1个子女都享有16个月的带薪育儿假，薪资费用由国家和雇主分摊，其中，前390天可以拿到原工资的77.6%，后90天可以领取固定金额的薪水；12周岁以下儿童的父母每年可有最长60天的带薪临时假
		荷兰	每年可申请最多10天的亲职假，在短期照顾假期间，雇主应支付至少70%的薪资；如果家里有患有致命疾病的子女，其父母还被允许每年多请最长6周的长期照护假
	无薪育儿假	法国	女性员工可以申请最长3年的无薪育儿假
		荷兰	女性员工可以申请最长6个月的无薪非全日育儿假

续表

政策	项目	国家和地区	主要内容
时间替代政策	父亲假	法国	男性在妻子生产时，享有14天的产假，期间可领取全额的薪资
		瑞典	16个月的带薪产假中有2个月必须由父亲享有
		芬兰	男性享有18天父亲假
		葡萄牙	男性享有20天父亲假，其中5天为强制性休假
	弹性工作时间和空间	新加坡	2000年在公共部门推行弹性工作制；2004年进一步完善了一系列有关弹性工作制的规定
		韩国	2010年在公共部门试行弹性工作制，允许公务员自由选择上下班时间以及在家远程办公
提供子女入学入托便利	增加学前教育及义务教育阶段的服务供给	韩国	政府通过引入评价认证制度提高民间保育服务的质量，以减少人们对于子女无法接受高质量保育服务的顾虑
		日本	先后制订并施行了"天使计划""新天使计划"及《少子化社会对策基本法》，其主要措施包括完善学龄前儿童的教育和保育工作、实施社区育儿援助等；2007年开始实施"放学后孩子计划"，使孩子们在放学后也有安全及健康的活动场所
		德国	2007年开始大幅增加入托学位供给，要求从2013年起，各地不能以任何理由拒绝任何3岁以下儿童入托
	鼓励雇主在职场内设立育儿设施	法国	政府对于投资兴建托儿机构的企业予以成本税前列支的优惠政策
		日本	通过税收优惠政策鼓励规模较大的企业在企业内部设立育儿设施
其他支持政策	住房福利	新加坡	政府允许有子女的夫妇优先购买政府保障性住房"组屋"，而且年轻夫妻可分两次支付新组屋的定金
		韩国	每年提供5万户住宅援助，援助对象是无住宅并且低收入的新婚夫妇（低收入的标准为前年度城市工人平均收入的70%以下、双职工夫妇的收入在100%以下）

续表

政策	项目	国家和地区	主要内容
其他支持政策	住房福利	日本	将打造有利于育儿的住宅和生活环境作为社会政策努力的基本方向之一，具体措施包括普及有助于育儿的住宅改进、谋求优质的住宅和生活环境等
	改善母婴保健服务	日本	从1994年的"天使计划"就开始完善母子保健医疗体制，到2004年"新天使计划"期间，这一工作已经基本完成。2003年9月施行《少子化社会对策基本法》时又进一步完善了儿童医疗体制，实现了对儿童健康的援助计划。另外，对于产前检查的费用等提供补贴
		韩国	对于孕妇的产前检查费用予以补贴，对新生儿实施医疗服务援助，对孕产妇和新生儿给予营养指导，而且对新生儿的预防接种给予国家补贴
		新加坡	政府会承担75%的辅助生育技术治疗费用
	营造鼓励生育的社会氛围	日本	将政策范围扩展到恋爱、婚姻援助，为年轻人组建家庭提供咨询，特别是在就业和经济自立方面提供支援；积极纠正性别分工和职场优先的企业氛围
		法国	保护非婚生子女的合法权益，明确规定契约式同居期间生育的孩子享有与婚内生育的孩子同样的权利

资料来源：根据各国公开信息整理，其中部分数据会有年度调整。

参考文献

[1] BUDIG M J, ENGLAND P.The wage penalty for motherhood [J]. American sociological review, 2001, 66 (2): 204-225.

[2] GAFNI D, SINIVER E.Is there a motherhood wage penalty for highly skilled women? [J].The BE journal of economic analysis & policy, 2015, 15 (3): 1353-1380.

[3] JIA N, DONG X Y.Economic transition and the motherhood wage penalty in urban China: investigation using panel data [J].Cambridge journal of economics, 2013, 37 (4): 819-843.

[4] 蔡昉.人口转变、人口红利与刘易斯转折点 [J].经济研究, 2010, 45 (4): 4-13.

[5] 曾毅, 陈华帅, 王正联.21世纪上半叶老年家庭照料需求成本变动趋势分析 [J].经济研究, 2012 (10): 134-149.

[6] 曾毅.尽快实施城乡"普遍允许二孩"政策既利国又惠民 [J].人口与经济, 2015, 36 (5): 115-126.

[7] 陈卫, 靳永爱.中国妇女生育意愿与生育行为的差异及其影响因素 [J].人口学刊, 2011 (2): 3-13.

[8] 陈友华.全面二孩政策与中国人口趋势 [J].学海, 2016 (1): 62-66.

[9] 大渊宽, 森冈仁.生育率经济学(三)——与社会学的合并 [J]. 张真宁, 译.人口与经济, 1988 (4): 41-43.

[10] 风笑天, 王晓焘.从独生子女家庭走向后独生子女家庭——"全面二孩"政策与中国家庭模式的变化 [J].中国青年社会科学, 2016, 35 (2): 47-53.

[11] 风笑天, 张青松.二十年城乡居民生育意愿变迁研究 [J].人口与发展, 2002, 8 (5): 21-31.

[12] 顾宝昌.论生育和生育转变: 数量、时间和性别 [J].人口研究,

1992，6（2）：1-7.

[13] 顾宝昌.生育意愿、生育行为和生育水平[J].人口研究，2011，35（2）：45-61.

[14] 顾宝昌.中国人口：从现在走向未来[J].国际经济评论，2010，15（6）：95-111.

[15] 桂世勋.全面两孩政策对积极应对人口老龄化的影响[J].人口研究，2016（4）：60-65.

[16] 郭志刚.中国的低生育水平及相关人口研究问题[J].学海，2010（1）：5-25.

[17] 国佳，董玲.二孩政策给妇幼保健工作带来的新挑战[J].中国妇幼保健，2016，31（17）：3439-3441.

[18] 黄匡时，张许颖."全面两孩"政策目标人群及其出生人口测算研究[J].福建行政学院学报，2016（4）：97-103.

[19] 黄燕芬，陈金科.我国人口年龄结构变化对住房消费的影响研究——兼论我国实施"全面二孩"政策的效果评估[J].价格理论与实践，2016（2）：12-19.

[20] 贾男，甘犁，张劼.工资率、"生育陷阱"与不可观测类型[J].经济研究，2013，48（5）：61-72.

[21] 康楚云，高燕秋，宋莉，等.生育政策调整对助产医院分娩量及产妇构成的影响[J].人口研究，2015，39（6）：85-93.

[22] 李芬，风笑天."对母亲的收入惩罚"现象：理论归因与实证检验[J].国外理论动态，2016（3）：74-83.

[23] 李芬.工作母亲的职业新困境及其化解——以单独二孩政策为背景[J].东南大学学报（哲学社会科学版），2015（4）：12-20.

[24] 李桂芝，崔红艳，严伏林，等.全面两孩政策对我国人口总量结构的影响分析[J].人口研究，2016（4）：57-58.

[25] 李玲，杨顺光."全面二孩"政策与义务教育战略规划——基于未来20年义务教育学龄人口的预测[J].教育研究，2016，37（7）：22-31.

[26]梁建章,黄文政.是谁导致了中国人口决策的重大失误?[EB/OL].财新网,2017-02-03.

[27]林建军.从性别和家庭视角看"单独两孩"政策对女性就业的影响[J].妇女研究论丛,2014(4):51-52.

[28]鲁蓓.二孩政策、人口老龄化和财政社会福利支出预测[J].劳动经济研究,2016(3):103-118.

[29]毛春梅,李美存.生育政策调整对人口红利效应的影响及应[J].中国人口·资源与环境,2016,26(11):170-176.

[30]茅倬彦.生育意愿与生育行为差异的实证分析[J].人口与经济,2009(2):16-22.

[31]彭松建.伊斯特林有关生育供给与需求分析理论[J].中国人口科学,1989(4):9-14.

[32]乔晓春.实施"普遍二孩"政策后生育水平会达到多高?——兼与翟振武教授商榷[J].人口与发展,2014(6):2-15.

[33]宋健,陈芳.城市青年生育意愿与行为的背离及其影响因素——来自4个城市的调查[J].中国人口科学,2010(5):103-110.

[34]宋健,周宇香.中国已婚妇女生育状况对就业的影响——兼论经济支持和照料支持的调节作用[J].妇女研究论丛,2015(4):16-23.

[35]宋全成,文庆英.我国单独二胎人口政策实施的意义、现状与问题[J].南通大学学报(社会科学版),2015(1):122-129.

[36]谭雪萍.成本-效用视角下的单独二胎生育意愿影响因素研究——基于徐州市单独家庭的调查[J].南方人口,2015(2):1-12.

[37]佟新.人口社会学[M].3版.北京:北京大学出版社,2006.

[38]王德文.人口低生育率阶段的劳动力供求变化与中国经济增长[J].中国人口科学,2007(1):44-52.

[39]王广州.生育政策调整研究中存在的问题与反思[J].中国人口科学,2015(2):2-15.

[40]王广州.影响全面二孩政策新增出生人口规模的几个关键因素分析[J].学海,2016(1):82-89.

[41] 王金营."全面二孩"下21世纪中国人口仍难回转年轻[J].探索与争鸣,2015(12):21-23.

[42] 王军,王广州,高凌斐,等.中国出生性别比水平估计及形势判断[J].学习与实践,2016(3):82-91.

[43] 王军,王广州.中国低生育水平下的生育意愿与生育行为差异研究[J].人口学刊,2016,38(2):5-17.

[44] 吴帆.欧洲家庭政策与生育率变化——兼论中国低生育率陷阱的风险[J].社会学研究,2016(1):49-72.

[45] 杨舸."全面二孩"后的人口预期与政策展望[J].北京工业大学学报(社会科学版),2016(8):25-33.

[46] 杨慧,吕云婷,任兰兰.二孩对城镇青年平衡工作家庭的影响——基于中国妇女社会地位调查数据的实证分析[J].人口与经济,2016(2):1-9.

[47] 杨菊华."单独两孩"政策对女性就业的潜在影响及应对思考[J].妇女研究论丛,2014(4):49-51.

[48] 杨菊华.生育意愿、生育行为、生育水平的三重悖离[J].人口研究,2011,35(2):49-52.

[49] 杨菊华.意愿与行为的悖离:发达国家生育意愿与生育行为研究述评及对中国的启示[J].学海,2008(1):27-37.

[50] 杨顺光,李玲,张兵娟,等."全面二孩"政策与学前教育资源配置——基于未来20年适龄人口的预测[J].学前教育研究,2016(8):3-13.

[51] 姚从容,吴帆,李建民.我国城乡居民生育意愿调查研究综述:2000-2008[J].人口学刊,2010(2):17-22.

[52] 易富贤.以人为本,用科学的发展观指导人口政策调整[J].社会科学论坛(学术评论卷),2008,4(6):75-96.

[53] 易富贤.中国人口已到负增长的边缘[EB/OL].和讯网,2016-04-20.

[54] 原新.我国生育政策演进与人口均衡发展——从独生子女政策到全面二孩政策的思考[J].人口学刊,2016(5):5-14.

[55] 翟振武，李龙，陈佳鞠. 全面两孩政策下的目标人群及新增出生人口估计[J]. 人口研究, 2016（4）: 35-51.

[56] 翟振武，李龙，陈佳鞠. 全面两孩政策对未来中国人口的影响[J]. 东岳论丛, 2016（2）: 77-88.

[57] 翟振武，张现苓，靳永爱. 立即全面放开二胎政策的人口学后果分析[J]. 人口研究, 2014, 38（2）: 3-17.

[58] 张霞，茹雪. 中国职业女性生育困境原因探究——以"全面二孩"政策为背景[J]. 贵州社会科学, 2016（9）: 150-154.

[59] 张银峰，侯佳伟."全面两孩"放开后的公共服务需求与配套政策完善[J]. 人口与计划生育, 2016（7）: 25-27.

[60] 赵佳音."全面二孩政策"背景下全国及各省市学龄人口预测——2016至2025年学前到高中阶段[J]. 教育与经济, 2016（4）: 64-69.

[61] 郑益乐."全面二孩"政策对我国学前教育资源供给的影响及建议——兼论我国学前教育资源供给的现状与前景展望[J]. 教育科学, 2016（3）: 83-89.

[62] 郑真真. 生育意愿、生育行为和生育水平：从江苏调查看生育意愿与生育行为[J]. 人口研究, 2011（2）: 43-47.

[63] 周钧. 农村学校教师流动及流失问题研究现状与发展趋势[J]. 教师教育研究, 2015（1）: 60-67.

[64] 朱奕蒙，朱传奇. 二孩生育意愿和就业状况——基于中国劳动力动态调查的证据[J]. 劳动经济研究, 2015（5）: 110-128.

[65] 庄亚儿，姜玉，王志理，等. 当前我国城乡居民的生育意愿——基于2013年全国生育意愿调查[J]. 人口研究, 2014, 38（3）: 3-13.

调研报告

实施全面两孩政策的配套改革措施及建议
——基于江苏省三方深度访谈的质性分析

1 引言

1980年9月25日，中共中央发出《关于控制我国人口增长问题致全体共产党员、共青团员的公开信》，要求广大党员、团员带头，做到一对夫妇只生育一个孩子，计划生育自此正式成为基本国策。然而，20世纪末以来的多次人口抽样调查、专项调查（如生育意愿专项调查）或者人口普查的数据分析与计算结果都显示，中国已经进入低生育水平时代。虽然对于中国是否掉入"低生育陷阱"还有诸多争议，但是出于对中国人口未来发展的担忧，近十余年来，学术界呼吁人口生育政策改革的声音一直不断。

早在全面两孩政策实施之前，中国学术界就存在着"推动生育政策的改革刻不容缓"的看法（陈友华和胡小武，2011）。有学者认为，中国现阶段主要有人口老龄化、劳动人口减少与性别失衡等主要人口问题，国家应该密切关注人们生育意愿的变化，在适当的时候放开生育政策（乔晓春和任强，2006；周长洪，2011）。而2013年中共十八届三中全会决定启动实施的单独两孩政策正是中央试探性的一步。2014年伊始，中国各地陆续实施单独两孩政策。自这项政策实施以来，学术界就政策效果进行了一系列的评估与讨论，很多学者表示这是"一项失误的政策"（陈友华和苗国，2015；乔晓春，2015）。2014年12月，在上海复旦大学召开的面向未来的中国人口研究暨第三次生育政策研讨会上，与会专家几乎一致认为这项政策遇冷。2015年2月，中国人口学会会长翟振武在中国人口形势分析与展望学术研讨会上指出，2012—2014年中国育龄妇女总和生育率从1.499上升到1.579，若按照2015年1800万人的年度出生人口数量推算，2015年中国育龄妇女的总和生育率为1.7左右。对此，北京大学人口学教授乔晓春认为，翟振武教授估计的2015年最高生育率也只有1.7，此结果仍旧远低于2.1的更替水平，讨论这样一个低水平下的波动是没有意义的，应当关注的是中国能否摆脱低生育水平，即何时能够使生育水平回升到更替水平，甚至到更替水平以上（乔晓春，2015）。还有一些学者表示，在单独两孩政策刚落地一年就做出政策遇冷的判断不够审慎，过渡性的单独两孩政策发挥着向全面两孩政策接续的重要"错峰"作用，政策变化带来的社会影响要远比生育本身更广泛、更复杂（刘爽和王平，2015）。不过，在人口生育政策上一直趋于保守的学者也发出声音，认为单独两孩政策对于人口的调整幅度还不够，政策必须在合适的时候向全面两孩政策转变，立即全面放开两孩应该可以明显改变中国未来总人口进入负增长的趋势，增加劳动力资源的未来供给，延缓人口老龄化的进程（翟振武、张现苓和靳永爱，2014）。

2015年，中国共产党第十八届中央委员会第五次全体会议审议通过了《中共中央关于制定国民经济和社会发展第十三个五年规划的建议》，全会提出坚持计划生育的基本国策，完善人口发展战略，全面实施一对夫妇可生育两个孩子政策。自此，中国从1980年开始推行了35年的城镇人口独生子女政策自此真正宣告终结（吕红平，2015）。从最初的"只生一个"到"双独二孩"，又到"单独二孩"，再到"全面二孩"，可以看出中国政府改善人口结构的紧迫性与决心。然而，有学者通过比较"单独二孩"和"全面二孩"的生育意愿统计数据发现，两类政策家庭的二孩生育意愿和理想子女数基本相同，且愿意生育二孩的主观因素、地区差异及户口性质、文化程度、现有一孩性别等对两类家庭生育意愿的影响是类似的（张晓青、黄彩虹、张强等，2016），全面两孩政策背景下人们的生育意愿并不强烈，政策面临再次遇冷的风险（张丽萍和王广州，2015）。

对单独两孩政策的评估研究表明，大量家庭符合政策条件却选择不生育二孩的主要原因有经济压力、照料子女的压力、女性自身事业发展的压力。彭希哲（2016）认为，这一结论对于全面两孩政策仍然是适用的。并且认为中国的人口战略要想取得再突破，不能仅仅依靠全面两孩这样一个孤立的政策，实现全面两孩的政策目标需要整体性的配套政策。诸多文献表明，提供适当的配套政策是提升家庭生育意愿的有效方法之一。例如，可以考虑在加强政策宣传、保障职业女性的生育权益和降低再生育成本等方面优化全面两孩政策的实施,并制定适合不同地区的差别化政策和风险防范机制(钟晓华,2016)。

鉴于前期文献所提供的配套政策建议多为逻辑演绎层面的内容,且这些内容较为笼统,同时考虑到全面两孩政策推出时间较短,许多配套政策的制定或者实施还处于初步阶段,课题组决定在梳理前人研究的基础上,从全面两孩政策的配套政策这一视角入手,走入田野,进行独立的研究,以探究配套政策设立的必要性和设立的可能维度,即探究具体的配套政策应该如何制定和实施。

2 研究设计

考虑到有限的研究经费和研究时间,以及研究在一定程度上的代表性,课题组选择在江苏徐州和苏州两地进行实地调研。选择这两地的目的是:徐州位于苏北,经济正在持续高速发展,是发展中的苏北地区的一个缩影,同时由于地理及历史的原因,徐州受到与其邻近的山东、河南等的影响,在生育文化层面天然地具有中国北方及中部地区的文化基因;而苏州位于苏南,是经济上较为发达的苏南地区的代表性城市,同时由于地理及历史的原因,苏州受到与其邻近的上海、浙江等的影响,在生育文化层面天然地呈现出中国东部地区的文化基因;进一步,江苏可作为中国的缩影,苏北、苏南分别映照中国的西部和东部,调研出的结论可以在一定程度上反映出中国的整体情况。

在具体操作层面上,我们选择与调研地政府的发展改革委、统计局、原卫生计生委等职能部门的相应负责人开展座谈的方式,来了解属地政策的执行情况,并搜集当地总体层面上的人口学统计资料。另外,调研组成员被分成几个小组,深入呈现异质性的社区坊间(如城市居民居住的社区、流动人口聚集的社区等),对基层社区部门相关管理人员(如计生专员等)及育龄妇女或其家庭成员进行深入访谈,从而获得翔实的质性访谈资料。如此,课题组就可在人口学资料和质性资料混合分析的基础上得出一定的研究结论,而这些研究结论对相关领域的国家或区域层面的政策研究、制定和实施有着相当重要的意义。

3 二孩生育意愿与生育行为

3.1 宏观比较——二孩生育意愿与生育行为

3.1.1 徐州市二孩生育意愿情况

徐州市共有人口约1026万人。2015年12月，徐州市原卫生计生委根据2015年制定的《实施全面两孩政策摸底调查和数据测算工作方案》，抽查了全市34个行政村（居）符合全面两孩政策的户籍人口6676人，以及市区流动人口符合条件的406人，共计7082人。样本调查显示（见图1），在户籍人口中，有明确生育二孩意愿的为2373人，占符合全面两孩政策人数的35.55%；明确表示不愿生育二孩的为2603人，占符合全面两孩政策人数的38.99%；还在考虑的为1700人，占符合全面两孩政策人数的25.46%。在有生育二孩意愿的户籍人口中，明确表示打算2016年生育的为678人，占比为28.57%。在流动人口中，有明确生育二孩意愿的为90人，占符合全面两孩政策人数的22.17%；表示不愿生育二孩的占47.83%；持观望态度的占30.00%。在有生育二孩意愿的流动人口中，明确表示打算2016年生育的为16人，占比为17.78%。

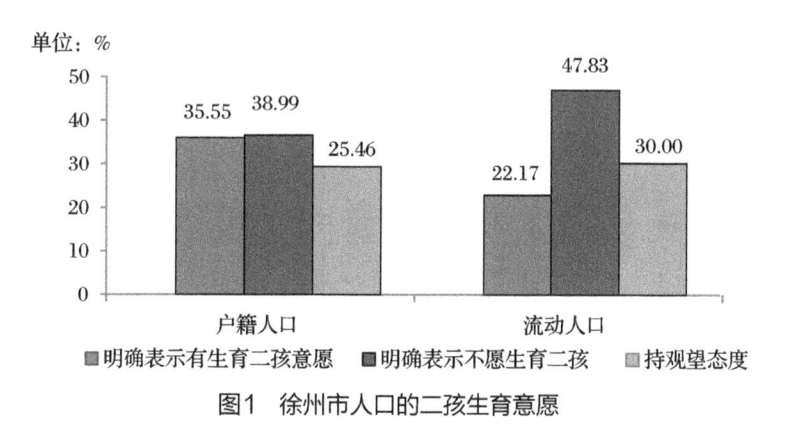

图1 徐州市人口的二孩生育意愿

3.1.2 苏州市二孩生育意愿情况

全面两孩政策实施之前，苏州市20~45岁生育过一个孩子且夫妻双方均为非独生子女的户籍已婚育龄人数为35.06万人,扣除其中已经以其他再生育条款得到批准但尚未生育的育龄妇女人数,可得到受惠于新政的目标人群为32.46万人。其中,20~30岁有17578人,占比为5.42%;31~35岁有45331人,占比为13.97%;36~40岁有100317人,占比为30.91%;41~45岁有161334人,占比为49.71%。也就是说,全面两孩政策的目标人群绝大多数是35岁以上的育龄妇女,属于高龄产妇,究其原因在于1980年后出生的独生子女较多,而夫妻双方均为非独生子女的人群多为20世纪60年代、70年代出生,年龄偏大。

苏州市以单独两孩政策执行情况来类推全面两孩政策的生育意愿。从单独两孩政策的具体执行情况来看,育龄人群的二孩生育意愿低于社会普遍心理预期。自2014年3月28日起实施单独两孩政策起至2015年12月31日,苏州市符合条件的新增单独两孩政策家庭有74846户,其中申请再生育的有13423户,申请比例仅为17.93%。各年龄组育龄妇女的申请比例如下:20~30岁为19.47%,31~35岁为23.92%,36~40岁为12.95%,41~45岁为1.95%。

从实际申请数据可见,因受到各种经济因素和非经济因素的影响,育龄人群的二孩生育意愿并不高。主要可归纳为以下两种情况:一是40岁以下的年轻群体虽然有生育能力,但由于生活压力大、更加注重子女教育质量、孩子无人照料、影响自身事业发展等问题,生育意愿普遍较低;二是40岁以上人群由于年龄和生理原因,部分人已无生育能力。①

3.1.3 二孩生育行为情况

实际上,从目标人群的生育意愿到生育行为还要经历一些更为复杂的中间环节,它们的逻辑递进关系如图2所示。

生育意愿	→	生育计划	→	生育行动	→	生育能力	→	生育结果
·被调查者回答是否想生育孩子		·打算生育且提交了生育申请		·申请获批后进入怀孕操作阶段		·能够怀孕并能够正常分娩		·顺利产下一个活产婴儿

图2 人口生育历程

资料来源:乔晓春.实施"普遍二孩"政策后生育水平会达到多高?——兼与翟振武教授商榷[J].人口与发展,2014,20(6):2-15.

---

① 资料来源:苏州市原卫生计生委。

实际上在每一个环节都会有一定程度的"损耗"。在进行生育意愿调查时回答想再生育一个孩子的夫妇,当面临真实的生育选择时,可能会由于担心养育孩子的成本太高或花费的精力太大而改变主意,所以此时并不是所有人都会提交再生育申请;提交了再生育申请的人中,有人可能由于条件不够或其他原因没有被批准,也可能有人得到批准后又改变主意,不想生育了,而只有其中部分人确实想生育第二个孩子,并开始准备受孕;那些准备受孕的人可能由于生理原因或时机选择的原因而未能怀孕,或者怀孕期间出现终止妊娠的情况;即使怀孕了,只有顺利地度过十个月的怀孕期,才能最终生育一个活产婴儿。具体来讲,每个环节上的"损耗"都会存在一个比例,这些比例可以通过"政策实施监测系统"来获得。一旦获得了各个环节准确的递进比例,我们就可以确切地知道从"生育意愿"到"生育结果"之间到底有多大的差距,从而为进一步完善政策提供证据支持(乔晓春,2014)。

2016年1月1日起,苏州市在启动实施全面两孩政策的同时正式实施生育登记服务制度,符合政策生育第一个或第二个孩子的夫妻,仅需提供身份证、结婚证和婚育情况承诺书,即可到一方户口所在地或居住地办理生育登记证,生育二孩无须再进行审批。截至2016年9月30日,苏州市全面两孩生育登记共74376例,一孩生育登记40039例,二孩生育登记34337例。其中,二孩生育登记中的育龄妇女年龄分布如图3所示。

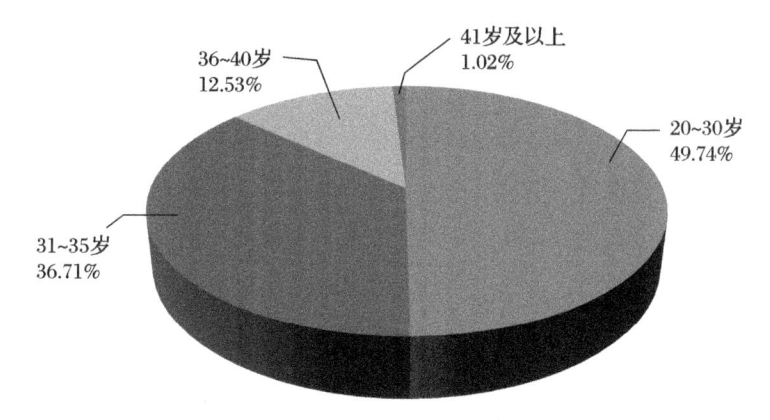

图3 苏州市二孩生育登记中的育龄妇女年龄分布(截至2016年9月30日)

从出生情况来看,根据苏州市妇幼保健计划生育服务中心统计数据,2015年苏州市活产婴儿总数共114600人,其中户籍人口出生54668人,流动人口出生59932人。2016年上半年活产婴儿总数共64360人,同比增加12.82%。其中,户籍人口出生34093人,同比增加21.60%,有显著增长;流动人口出生30267人,同比增加4.32%,基本与上年持平(见图4)。全面两孩政策是2016年1月1日起正式实施的,其政策效果目前还很难反映出来。2016年户籍人口的显著增长很有可能只是前面单独两孩政策的效应。

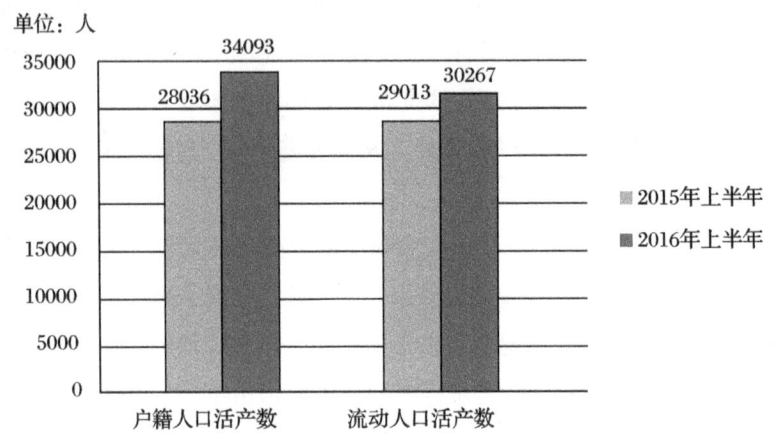

图4 苏州市2015年上半年与2016年上半年人口活产数

资料来源:苏州市原卫生计生委。

3.2 二孩的选择——在生与不生的意愿背后

生育意愿是出于个人或家庭对子女的偏好、考虑到各种限制条件后的一种生育愿望的表达(郑真真,2011),是人们生育行为的重要影响因素(Bongaarts,2001)。2016年1月1日起国家正式实施全面两孩政策后,关于二孩的生育意愿成为热点话题。那么,人们的二孩生育意愿究竟如何?其背后又有哪些影响因素?下面通过对徐州市和苏州市样本点育龄妇女的深入访谈,从微观层面一探生与不生背后的究竟。

3.2.1 儿女数量、性别偏好与生育间隔

（1）"一儿一女，已经很完美了"。

问：您前面说你们家现在已经有两个孩子了，那还会考虑生第三个孩子吗？

答：不考虑了，正好一儿一女，已经很完美了。

问：如果政策允许呢？

答：也不会再生了。

（个案161202XZ3LY02ZF，采访自徐州市一位刚生完二孩的妇女）

虽然不同的育龄妇女有着不同的生育意愿，但越来越多的人摒弃了"多子多福""儿女成群"的传统生育观念。对她们来说，两个孩子，尤其是一儿一女，是理想的家庭构成。在其他条件允许的情况下，人们的生育意愿往往会与理想的子女数趋于一致。一位正怀着二胎的母亲在谈及生育二孩时表示："刚开始的时候不是很想要的，但是后来一想反正政策放开了……我理想中的家还是两个孩子的家。"（个案161202PJY02ZF）虽然两个孩子可能是大多数人理想的子女数，但是现实中会存在偏差。我们在采访中遇到过这样的例子："实际上，我的两个孩子是以前的时候生的。要是早来几年市里，我也要一个。怪不得人家市里的都要一个。太累了，真的太累了。"（个案161202XZ2LT09JN）

生育意愿在孩子数量上存在比较明显的城乡差异。城市居民更倾向于生一个孩子，而农村居民习惯于生两个孩子。

问：您周围的人生育二孩的多吗？

答：不多，这附近就我一个。我是从农村来的，他们都是城市的，都要一个。

问：要是有补助的话，愿意生吗？

答：有补助的话，农村的估计愿意，但城市的不愿意。

（个案161202XZ2LT09JN，采访自徐州市一个从农村来城市打工的已婚妇女）

问：就您了解来看，您身边生了或想生二孩的人多吗？

答：不知道，俺那里基本上家家都是两个孩子……你看农村家家户

户都是两个孩子。

（个案161202XZ3SQ02JN，采访自徐州市一个从农村来城市打工的已婚男性）

关于造成这一差异的原因，除了农村本身具有生育二孩的例外规定外，无外乎城乡的生活成本、风俗习惯、思想观念等因素，在这里不做细究。

（2）生男孩还是女孩。中国传统文化中一直有着"重男轻女"的社会观念，男性偏好生育观在当前社会中依旧留存。当问及生育二孩的性别偏好时，一位30岁的已婚男性表示："说实话，是两个男孩最好。"（个案161202XZ3LT05ZF）但值得注意的是，这种男性偏好观念也正在走向弱化，尤其表现在年轻一代与老一代的身上。"我是没关系的，他们家长辈可能希望是一个男孩"（个案161202XZ3ZT02JN）——一位打算生育二孩的育龄妇女如是说。"顺其自然""希望是女孩"这样的回答对于年轻育龄妇女来说已经十分普遍。一位两个孩子的父亲甚至还表示："以前都想要男孩，现在都觉得女孩好了。"（个案161202XZ2LT02JN）说这句话的这位父亲显然是感受到了现代社会中男孩抚养和成家的压力。在访谈中，我们也发现了不少已经生育一个儿子的育龄妇女在问及二孩性别偏好时，表示出"不想要男孩了"的想法。

问：如果您生二胎的话，是想要男孩还是想要女孩？

答：不想要男孩了，因为男孩的话以后就业和住房方面的压力会比较大。

（个案PJY02TFC，采访自一位已有7岁半儿子的妇女）

问：现在是害怕生男孩？

答：是啊，谁家养得起？买个小房子不愿意，买个大房子压死人……现在都不敢生二孩，特别是第一个是男孩，都来问要还是男孩怎么办。考虑的还是买房子的问题。

（个案161202XZ2LT06JN，采访自居委会计生员）

从以上两个访谈片段中我们发现，一孩的男性性别会削弱二孩的生育意愿。其背后的重要逻辑因素在于中国传统文化中存在着父辈的"责任伦理"机制（杨善华和贺常梅，2004），长辈帮助子女买房（尤其是帮儿子买房）成了理所当然。当高房价与低收入相碰撞时，人们理性地在源头"刹车"——减少生育。否则，有时候会造成无法挽回的家庭悲剧。访谈中一位妇女向我们讲述了这样一个事件："我认识一个人，她当时不愿意生二宝，因为家境挺一般的，但她公公婆婆非常希望她生。后来怀孕生下来，是双胞胎，而且都是男宝宝，她就抑郁了，为以后发愁吧。之后孩子才一两个月，她就离开她老公和宝宝了，离婚了。"（个案161202XZ1YH01ZF）

（3）生育间隔的安排。除了子女数量以及性别偏好外，生育时间间隔也是影响生育意愿的重要因素（姚从容、吴帆和李建民，2010；郑真真，2011）。在访谈中，对于两个孩子的生育间隔，受访者基本考虑3~5年。"等第一个孩子可以自理时才可以要第二个。"（个案161202XZ1LT03ZF）但这样的考虑，也是基于"家里面有人可以帮你带"。在当前刚刚实行全面两孩政策的背景下，生育间隔并非是自己能够掌握的。

3.2.2　想要生育二孩的考虑因素

通过访谈可以发现，打算生育二孩或已经生育二孩，首先是出于自身的考虑。除去"儿女双全"的美好家庭愿望（这点在之前已有论述）之外，家庭经济条件、身体健康状况与年龄条件是重要的影响因素。"以前孩子很好养活，现在养个孩子很不容易，养孩子的成本上涨了，需要用钱来累积……比较实际的问题就是经济问题，目前我们家一个月在孩子身上的消费很可观"——一位正在犹豫是否生二孩的妇女这样表示。家庭经济条件是影响二孩生育意愿的重要因素，在经济条件允许的情况下，人们可能倾向于生"二孩"。当然，妇女自身的身体因素也很重要。"前两年我生二孩的意愿是很强烈的，但是后来我生病了……想法就慢慢淡化了。"（个案PJY01ZF）

值得我们注意的是，在与一位妇女交流时，她说出了只有一个孩子的心理压力："现在失独家庭还挺多的，平时也接触到不少失独家庭。现在再生一个自己心里也有一个保障。"（个案161202XZ3LT01ZF）。

其次是出于一孩的考虑，许多受访妇女会考虑给第一个孩子找个伴，但有这一想法的育龄妇女的年龄往往偏小。

"现在孩子都太孤单了。"（个案161202XZ3LT01ZF）

"一个孩子比较孤单，也想给孩子找个伴。"（个案PJY02ZF）

"因为我是独生子女,我就会觉得独生子女很孤单,就想给孩子找个伴。"(个案PJY02ZF)

第一个孩子的态度也会影响到父母是否生二孩。

问:您和自己的女儿沟通过想生第二个孩子的想法吗?

答:有沟通过,我女儿说妈妈你生吧,给我生个弟弟或者妹妹。她很愿意,还说妈妈你生了以后我帮你带,我女儿是很容易接受的。她小的时候对这个有点抵触,但是后来她们班里的同学家里有弟弟妹妹的比较多,她也就慢慢接受了。

(个案PJY01ZF,采访自徐州市一位正在犹豫要不要生二孩的妇女)

问:您儿子怎么看待呢?

答:可能是我儿子身边的很多同学家里都是两个孩子吧,而且我儿子自己也跟我表示过再给他生一个弟弟或妹妹的想法,所以他很支持。

(个案161202XZ3LY01ZF,采访自徐州市一位刚生完二孩的妇女)

最后是周围群体的影响。访谈发现,家中一孩对二孩是否接纳会受到同辈群体的影响。其实,父母也会受到同辈群体的影响。

问:家人对您生育二孩有什么想法吗?

答:我老公说我弟弟家和我姐姐家都要二胎了,我们是不是也打算要一个,但是还没有定下来是不是要二胎。

(个案PJY04TFC,采访自徐州市一位正在犹豫要不要生二孩的妇女)

问:就您了解的情况来看,您身边想生二孩或者已经生育二孩的人多吗?

答:我觉得还是挺多的,我身边的人基本家里都有两个孩子。

(个案161202XZ3LY02ZF,采访自徐州市一位刚生完二孩的妇女)

周围人群的生育意愿和行为是一种扩散的环境影响,在一个普遍生二孩的交际圈里,生育二孩的可能性也会增大。

二孩生育意愿还会受到家中长辈的影响。现在的长辈往往还具有"多子多福"的观念,放开两孩政策后,有些长辈比年轻人更积极,并主动承担照顾孙辈的工作。"家里面有人可以帮你带……年轻人主要还是工作,在带孩子上可能还是比较吃力些。"(个案161202XZ1LT03ZF)长辈照顾孙辈的能力也成为生育二孩意愿的重要影响因素。

综上所述，想要生育二孩的主要考虑因素归纳如图5所示。

图5 想要生育二孩的主要考虑因素

3.2.3 不想生育二孩的考虑因素

通过访谈可以发现，不想生育二孩是出于多方面的考虑。一个很重要的原因是经济压力，尤其是孩子的教育压力让不少家庭在生育二孩上选择艰难。

"现在养孩子太难了，主要还是教育问题。钱太难挣了，上辅导班的费用挺高。现在咱国家的教育吧，小孩儿都得上辅导班，不上辅导班就跟不上。虽然说上学的费用少了，但是辅导班投入的钱多。"（个案161202XZ2LT09JN，采访自徐州市一位已经生育两个孩子的妇女）

"现在抚养一个孩子需要多大的精力啊。不光是精力，还有经济。经济是最主要的，现在一个孩子的成长需要花多少啊，教育是很大的一项开销。像我们的孩子现在在外面上大学需要多少钱啊。"(个案161202XZ2LT10JN，采访自徐州市一位不打算生育二孩的妇女）

除了经济压力外，时间精力不足、女性职业中断也是不生二孩的重要考虑因素。

"主要是精力上的问题，因为我父母年纪也比较大，不会帮我带了，我还要照顾父母，再有一个孩子的话，精力上是不够用了。如果我再要孩子的话呢，可能就是我要退出职场了。"（个案PJY01ZF，采访自徐州市一位正在犹豫要不要生二孩的妇女）

"父母身体好的情况下，你要小孩在精力方面还可以的。一旦父母身体不好了……比如说老人要是住院，你就必须去照顾，那这一家子，孩子怎么办。所以说就考虑这一块，对吧，所以这要小孩的冲动没有年轻时那么大。"（个案161202XZ3ZY03TC，采访自徐州市一位43岁正在犹豫要不要生二孩的妇女）

对于40岁以上的高龄育龄妇女而言，一方面是父母年纪偏大，需要子女照顾，无力帮忙照顾孙辈，另一方面是自己的时间和精力有限，可能面临职业中断。

此外，优生优育的观念在现代社会中流行，不少父母放弃孩子的"量"而追求孩子的"质"。一位不打算生二孩的父亲这样认为："同样一份东西分成两份了，肯定不如一份的质量高。我就想给他最好的。"（个案161202XZ3ZT05JN）

"要是像以前那样随随便便要孩子，那就不要讲孩子质量，养大就行。我前两天遇到那家人有两个男孩子，两个小孩裹着个大棉袄，也不用吃好，那也能养大，初中毕业学个手艺就行……那样的孩子是越干越穷，越穷越干。没文化的前提下也不要求孩子多有文化，能挣钱、能认识钱就行了。"（个案161202XZ2LT06JN，采访自徐州市一位社区计生员）

"我们对孩子的教育期望还是很高的……我再生孩子的话，就会冲突，会影响两个孩子的教育质量。"（个案PJY01ZF，采访自徐州市一位正在犹豫要不要生二孩的妇女）

不想生育二孩的主要考虑因素归纳如图6所示。

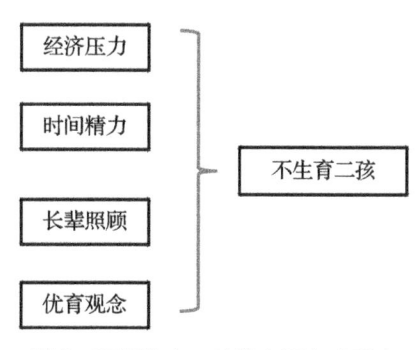

图6 不想生育二孩的主要考虑因素

3.3 计划与行动——从生育意愿到生育行为

1980年以来，计划生育作为基本国策在全国推行起来。由此可以推测出，80后这一代出现了大量独生子女。因此，在2013年实施单独两孩政策时，大多数80后成为主要目标群体。2016年1月1日起全面两孩政策正式实施，其目标群体大多数是35岁及以上的育龄妇女，属于高龄产妇。原因在于夫妻双方均为非独生子女的人群多为60年代、70年代出生。实行全面两孩政策后，这些高龄的育龄产妇虽然有些依旧有着生育意愿，但是却空有意愿而无法行动。其面临的风险不仅有身体上的，也有家庭结构上的（第一个孩子与第二个孩子的同代年龄差过大）。对年龄较大的育龄妇女（也可以说是一孩年龄已经稍大的家庭）来说，二孩真能作为对一孩的陪伴吗？那些出于给一孩多点陪伴而生育二孩的家庭，一般就是育龄妇女年龄较小的家庭。因此，80后这一代依旧是全面两孩政策的目标人群。对40岁以上的育龄妇女来说，其实她们是政策失落的一代。

就当前的全面两孩政策而言，或许没有想象中那么遇热，因为作为主要目标群体的80后多数在实行单独两孩政策时已经缓冲，出现井喷式的政策现象有一定困难。从生育意愿到生育行为的实现中，除了相应的鼓励配套措施外，重要的还有生育观念。在我们的访谈中，作为独生子女的男性就有表示，一个孩子成长也挺好的，可以将这种兄弟姐妹的情感投入到朋友中作为弥补。作为独生成长的一代，"一个孩子就够了"不仅仅是出于现实，也可能是一种生育观念、文化的熏染。

"生一个孩子也是完成生命的延续，如果生两个的话，就是生完一个孩子后就不能出去玩嘛，接下来几年都不能出去玩了，要带孩子和奶孩子。"（个案161227SZ3JY01GH）

"我爱人对第一个都没有要求，他觉得自己玩就可以了。"（个案161227SZ3JY01GH）

4 个人和家庭发展的现实困境

4.1 经济压力

目前，中国市场中劳动力人口的主力军是20世纪70—80年代出生的人群，他们承担着"上有老，下有小"的重任。而且，从《中国统计年鉴2015》中关于"人口年龄结构与抚养比"的统计数据可知，我国的总抚养比较2014年有所增加。在相关配套措施没有进一步完善的情况下，以及养老与教育子女的费用大多由家庭承担的背景下，生育二孩这一举措会增加家庭的经济负担。全面两孩政策为父母可以拥有第二个子女提供了法律依据，但基于理性经济人的角度，家庭经济条件是父母双方是否生第二个孩子的重要考虑因素，二孩的降生会直接增加家庭在母婴食品与服饰、医疗卫生与健康、儿童餐饮与娱乐、教育、住房等领域的花费，特别是教育和住房。从学前教育到大学教育，一个孩子的培育成本是非常巨大的。如果是男孩，家里还要为其准备婚房，这又是一笔不小的开销。

"开销肯定增大了啊，多带一个孩子肯定多花钱呗。"（个案161202XZ3SQ01JN）

"肯定有影响啊，多一个孩子多一份开销，压力肯定更大了啊。"（个案161202XZ3SQ03JN）

"那肯定大啊，现在生意不好，压力肯定也大。"（个案161202XZ3ZT07JN）

"压力更大了。奶粉、尿不湿、医疗各方面都贵，幼儿园费用也很高。"（个案161202XZ1YH01ZF）

"特别像我这个年纪，第一个孩子跟二宝隔得比较久，其实现在奶水不多，孩子主要喝奶粉，奶粉钱、尿不湿钱都很贵的。住房暂时我们自己家还可以，但儿子以后要给他买房啊，房价这么贵。"（个案161202XZ1YH01ZF）

"就是经济，我个人观点，一个人要最起码10000多块钱的月收入。"（个案161227SZ2ZY01GH）

城市中有生育意愿的高收入家庭是可以满足自己的二孩愿望的。但对于经济处于中等及偏下水平的大多数家庭来说，是否生育二孩是需要反复思量的。女性是生育的主要承担者，生育孩子往往意味着女性要从职场暂时退出，这会进一步影响家庭的收支状况（陈友华，2016；朱奕蒙和朱传奇，2015）。

"这个打工吧，肯定就不能干了。除非你是公务员或者事业单位，这种情况下，你还能干。别的单位你就不能干了，收入肯定就会减少了。"（个案161202XZ1LT&01ZF）

"对我来说也没啥，我本来就是下岗的，在商场上班也就是给人家打工。知道自己怀孕了，为了保住孩子，就辞职了。毕竟是私人企业，老板也没说让我辞职，但我自己觉得一个孕妇在那儿也不太好，自己就辞职了。"（个案161202XZ1YH01ZF）

4.2 照料子女的压力

伴随着市场经济的快速发展，中国的家庭分工也发生了很大的改变，原来"男主外，女主内"的家庭分工已无法满足家庭对经济的需求，当下更多的是父母双方都坚守在工作岗位，为家庭日常开销而奋斗。这样就造成了一个新的问题，即家里的孩子无人看管，虽然条件好点的家庭可以请保姆带孩子，但条件差一点的就只能自己带。

"保姆我请不起啊，现在保姆那么贵。"（个案161202XZ3ZY05TC）

"就很多麻烦嘛，时间和精力都远远不够啊！"（个案

161202XZ3ZT03JN）

"有的是又要自己照顾，又要月嫂，有的月嫂也不够认真。"（个案161227SZ2ZY01GH）

在这种情况下，多半是女方一边工作一边带孩子，生活非常忙碌，如接送孩子上下学、做饭、辅导功课等，让母亲的生活很是辛苦，甚至有些时候会力不从心。如果工作在政府、事业单位还好，相对比较清闲，但是如果在私企、外企，那便会加重女性的生活负担，降低生活质量。

"如果两个人都上班的话，孩子感个冒发个烧都没时间照顾。"（个案161202XZ3ZY01TC）

"你肯定要自己带，自己带以后你就没有时间再去赚钱了嘛。"（个案161202XZ3ZY05TC）

另外，当下仍然有二孩生育意愿的夫妻双方年龄多集中在40岁左右，其父母年龄也基本在70岁左右，身体普遍大不如前，可能不能再像子女生育一孩时那样帮助照顾小孩了，现在他们本身就需要照顾。

"没有什么影响，就是觉得时间很紧，又要照顾大的，又要照顾小的。"（个案161202XZ3LY02ZF）

4.3 教育负担

对于中国普通家庭来说，只有通过教育才能实现阶层的流动，因此教育在家庭中的地位是无法撼动的。但是，培育一个孩子的教育成本是十分巨大的。例如，学前教育让很多家庭负担沉重，做父母的都不想让孩子输在起跑线上，所以多数父母宁愿自己苦点，也要让孩子上更好的幼儿园，而那些所谓的双语幼儿园每个月都要上千元的花销，即使是普通的幼儿园，学费也高得惊人，这些费用占据了父母双方每月工资的很大一部分。

"我现在有点担心第二个孩子上幼儿园的问题，可能因为孩子太多、学校又不够，出现教育资源紧张的问题。还有就是希望政府能在教育上多增加一些补贴，尤其是在幼儿教育方面。"（个案161202XZ3LY01ZF）

"主要是怕上幼儿园、小学。因为校区的关系，进好的学校会很难，以后买房子什么的都要多注意了。不然找关系的话，托人还要花钱。"（个案161202XZ3LY02ZF）

"学校的话，不能输在起跑线上，肯定为孩子选择好一点的。"（个案161202XZ1LT&01ZF）

虽然现在已经实现了义务教育，从小学到初中都不需要交学费了，但多数父母选择让孩子参加课外辅导班。学习不好的孩子周六周日就要去补习班补习功课，学习好的孩子依然不能放松，父母会给他们报各种艺术班。因此，这些补习班、艺术班也会加重家庭的经济负担。

"现在孩子花钱非常大。小学就开始给他上补习班了，这费用多得很。"（个案161202XZ3ZY05TC）

"工作倒不影响，我就觉得挺为他（小孩）考虑的。因为你生完以后要养，还要送他上学。别的倒不考虑，就觉得上学太费劲了。"（个案161202XZ1LT&01ZF）

"现在孩子的费用相当可观。其实普通上学的钱不多，现在的问题是你不补课，就胜出不了。考试的东西不在教学的范围内。你不补课，你就不及格。你补课了，你就跟得上。一个月的补课费，加起来都有3000多块。而且现在还是小学，要是初中、高中，那就更多了。"（个案161202XZ1LT&01ZF）

"现在养孩子太难了，主要还是教育问题。钱太难挣了，上辅导班的费用挺高。现在咱国家的教育吧，小孩儿都得上辅导班，不上辅导班就跟不上。虽然说上学的费用少了，但是辅导班投入的钱多。"（个案161202XZ2LT09JN）

"不学的嘛，就输在起跑线上了，是吧。我们那时候没有这么多讲究的嘛，现在哪个不学的嘛。"（个案161227SZ2ZY0）

高中教育成本更是激增，面对高考，父母愿意倾其所有只为换来孩子的一个好成绩。特别是在高三的时候，母亲陪读的现象多有发生，入不敷出的一年时间让家庭经济倍感压力。

4.4 职业发展困境

对于在政府、事业单位工作的女性来说，生育二孩对于其职业发展的影响并不显著，产假和薪金都会按照国家的相关规定严格执行。

"就只看生孩子时的费用，对于正式单位的员工，她们单位报销的比例比我们高很多。"（个案161202XZ1YH01ZF）

"就是正常发工资，因为有生育险，所以会报销生育的一些费用。其他的就是孩子小的时候会有一个喂奶假，就是产假休完了到孩子一岁之间会有一个喂奶假。"（个案161202XZ1LT03ZF）

"还好，像我不是在私企。现在的工作环境相对比较松，不是那种会特别受影响的职业。我同事生二孩，她是有产假的，也不会影响她今后的职业发展。"（个案161227SZ3LT01）

而对于在企业工作的女性，待遇则大不相同。首先，适龄女性在入职时就会受到不公平的对待，许多企业为了降低女性职工生育时花费的时间成本，更倾向于选择男性入职。女性在入职之后，会因为生育而遭受一系列不公平的对待。研究发现，生育尤其是二次生育使很多用人单位产生增加用人成本的担心，因此对女性职业生涯产生诸多负面影响，如收入惩罚、职业升迁困难、向下的职业发展，甚至彻底失业等（杨菊华，2014；张霞和茹雪，2016）。贾男、甘犁和张劼（2013）的研究表明，生育次数与职业母亲的工资率呈现负向的因果关系，并且在生育当年，该影响率高达18%。女性由于养育行为而减少的工作时间，等同于流失的工作经验和被削弱的生产力，这势必导致雇主以降低工资、剥夺升职机会等形式实施惩罚（李芬和风笑天，2016）。再次生育与抚养行为会造成女性人力资本贬值，并且为了适应照顾者的角色，已育女性普遍倾向于母亲友好型职业。这种向下的职业流动不仅使生育对女性的职业惩罚效应长期存在，还固化了劳动力市场中已有的性别隔离，即使是平行的职业流动，对绝大多数女性而言也必须效忠于同一雇主（张霞和茹雪，2016）。具有兼职性质是母亲友好型职业的重要特征，但兼职工作经验的回报小于全职工作经验，而且兼职工作的小时工资通常会低于全职工作（李芬和风笑天，2016）。

"就是说，因为你怀孕了，导致机会让给别人了。"（个案161202XZ3ZY01TC）

"我让她去单位开怀孕证明，她都不敢去，可能是因为她去开了证明，公司就知道了，就不给她工作了。不是国企，应该是私企。总该有影响的，企业是要讲效益的，哪里养着你的，老板要算这个账的。你看她开证明都不敢，那种单位肯定是有歧视的。银行啊，公务员，不会歧视的。"（个案161227SZ2ZY01GH）

对于个体工商户等从事其他职业的女性来说，生育二孩直接造成了她们的职业中断，生育期间没有收入，只能靠之前的积蓄补贴生活，这对于女性自身及其丈夫、家庭来说都是极大的挑战。第三期中国妇女社会地位调查结果显示，城镇劳动女性中有1/3经历过职业中断，最长的职业中断期近3年，结婚生育和照顾子女是首要原因（李芬，2015）。

"我怀了第二个孩子以后，我老公就叫我辞职了，我自己也觉得有两个孩子，在两个孩子上小学之前就在家照顾孩子比较好，所以就辞职了。"（个案161202XZ3LY03TF）

"我下岗后在私人企业上班，怀了二宝就辞职了。生孩子用的是居民医疗保险，大宝是顺产的，二宝是剖腹产，花了一万多。"（个案161202XZ1YH01ZF）

"那就是职业中断了，就是断了，就是要再换工作了。"（个案161202XZ3ZY05TC）

4.5 养老困境

目前，中国市场中劳动力人口的主力军是20世纪70—80年代出生的人群，他们承担着"上有老，下有小"的重任。生育二孩要耗费夫妻双方许多的时间、金钱和精力，而夫妻双方所拥有的时间、金钱和精力的总和是有限的。如果生育了二孩，夫妻双方不可避免地会把原本用以赡养老人的时间、金钱和精力用在照顾孩子身上，而且在两者面临取舍的时候，资源多是流入了年轻的一代。夫妻双方在生育二孩的时候，其父母的年龄普遍偏大了，正是需要照顾的时候，虽然所谓的"天伦之乐"可以让父母在心理慰藉这一方面得到补偿，但是其在经济补贴和生活照料上的损失远大于这些。

"现在家庭比较重视小孩，老人吃饱穿暖就行，小孩要多照顾。现在老人七八十的，身体不好的就需要照顾，可能要去敬老院。也有四代同堂的，不过以前生得多，可能轮流照顾。"（个案161227SZ2ZY01GH）

"父母肯定要照顾，但是在咱这个年龄段，实际上上有老下有小，压力大。"（个案161202XZ3ZY03TC）

"减少老人补贴这个倒是真的。不过我们家有两个孩子，丈夫家有三个。兄弟姐妹都知道我们家新增女儿，所以会有一些照顾，应该对老人的影响也不是很大。"（个案161202XZ3LY01ZF）

"好像是一旦自己有了孩子，那肯定精力得分散到小孩身上，对吧。"（个案161202XZ3ZY03TC）

4.6 年龄困境

独生子女政策是从1980年开始实施的，这部分人现在大多在35岁左右，而之前的"双独二胎"和"单独二胎"政策下，这些人已经是受益主体。排除这部分人，1980年以前出生的人口才是全面两孩政策的目标人群，而这部分人年龄大多在40岁左右，已经算是高龄产妇，很多人虽然有生育二孩的意愿，但是因为身体原因不敢冒险，所以选择不再生育。

"没有没有，我们差不多年纪都过了嘛。"（个案161227SZ2ZY01GH）

"想生，就是因为现在都放开了，一看人家要就想要，就这样的冲动。不想生是因为年龄大了。"（个案161202XZ3ZY03TC）

"一个是年龄大了，所以也就没有这方面的考虑嘛，这40多岁也不小了嘛，再一个就是肯定也没人照顾吧。"（个案161202XZ3ZY05TC）

"长辈都想要，他原来不要，现在也想要，现在都想要，但是出于年龄，不能要。"（个案161202XZ3ZY02TC）

5　全面两孩政策配套措施构建路径探析

我国从 1980 年开始在全国普遍实行的计划生育政策，在控制中国人口过速增长、集中有限资源促进社会经济发展方面取得了显著的成效。但随着时间的推移，我国社会出现了总和生育率偏低、人口老龄化加速、出生性别比失衡、女婴死亡率偏高、未来家庭结构面临畸形等问题（曾毅，2006）。人口变动带来的问题已经引起了人们的关注，国家也基于对社会现状的考察和对生育政策效果的审慎考究，颁布实施了全面两孩政策，以迎合社会发展的需要和提高人们的生育意愿。生育政策由"一孩化"演变为"全面两孩"，是基于历史实践和现实诉求的理性选择（刘家强和唐代盛，2015）。启动全面两孩政策也是计划生育领域全面深化改革的民生工程，是经济社会发展大背景下新的历史节点的必然选择，是计划生育政策动态变化的延续，是人口长期均衡发展的需要，顺应了绝大多数民众的民意和民心（原新，2016）。

然而，全面两孩政策的颁布与实施真正发挥了提高人们生育意愿的作用吗？有学者研究发现，人们的生育意愿与生育行为并没有因为全面两孩政策的实施而有较大的改变，大量符合政策条件的家庭选择不生育二孩。因此，生育政策本身仅能作为影响人口出生的外因，人们的生育行为还受到社会经济发展这一因素的影响。育龄期人群在决定是否多生孩子时会综合考虑家庭现在的经济状况、预期家庭收入等（彭希哲，2016）。

根据课题组的实地调查结果可知，目前影响人们生育二孩的因素包括子女教育、医疗保健、就业、住房、养老等。因此，为了使全面两孩政策能够真正促进人口结构优化、解决因人口变动带来的社会问题，必须立足于老百姓的实际需要，解决他们生育、养育孩子的后顾之忧。本课题组在文献研究与实地调研的基础之上，提出以下改进对策，以促进全面两孩政策的实施，真正激发育龄人群的生育意愿。

5.1　合理配置教育资源，及时调整教育规划

全面两孩政策实施之后，全国的新增人口会有所变动。有学者基于

2014年全国1‰人口变动情况抽样调查等人口统计数据，测算出从2016年实施全面两孩政策之后，2017—2021年年度新增出生人口数量在160万~470万人，年度出生人口数量将高达2000万人左右（翟振武、李龙和陈佳鞠，2016）。新增人口的增多势必会对教育产生一定的影响。在教育领域，在校学生规模是教育资源配置的基础性指标，而全面两孩政策的实施势必会引起我国出生人口的变动，进而影响未来入学人数和在校学生规模（李玲和杨顺光，2016）。所以，子女的教育问题一直是影响生育意愿和生育行为的重要因素。

对于家庭来说，降低儿童教育费用的效果最为直接。同时，国家应加大对教育资源的投入，包括幼师、设备、教育经费等。从长远来看，构建合理的教育体系，减小家庭选择教育机构的压力，将对全面两孩政策的贯彻执行以及将来中国的教育结构产生深远的影响。本课题组将针对教育的不同阶段提出相应的建议。

5.1.1 关注早教问题，完善早教行业的发展规划

早期教育对儿童智力开发十分关键，我国虽然于20世纪90年代末出现了早期教育，但其一直处于起步阶段，直至目前仍未纳入国民教育体系。可以说，我国婴幼儿早期教育是教育体系中最薄弱的环节（中国人口与发展研究中心课题组，2009）。现在越来越多的人开始意识到早教对孩子未来发展的重要性，越来越多的家庭在儿童早教方面不惜投入资金，但目前我国早教行业的发展仍以市场为主，缺乏统一管理，质量难以保证，并存在收费高、"捆绑式"消费等问题。以下是相关案例呈现（注：在不改变受访者原意的前提下，对以下对话进行了文字处理）。

第一例（个案161202XZ1LT03ZF）

问：你有考虑过两个孩子的未来教育规划吗，比如课外培训什么的？

答：有的。其实大孩子三岁的时候就有考虑的，但是那些项目对他来说有点难，五岁左右正合适。今年寒假的时候应该就会给他报一些兴趣班。

问：婴儿时候有带孩子参加早教训练吗？

答：有的有的。

问：那这部分的开支怎么样？

答：开支比较大，只要是针对孩子的一些专门机构，收费都会很高。早教的费用也很高，比如三岁前的那个亲子课。

问：徐州市有没有这样类似的机构，比如针对儿童学龄期以前的？

答：有的，比如说针对感统训练的、语言发展的，以及针对幼儿英语的。还有乐高的一些课程，可以锻炼思维能力。

第二例（个案161202XZ1LT05ZF）

问：徐州市有关早教的行业发展得怎么样？

答：数量很多，但是教育质量参差不齐。

问：对于这些机构有第三方评估吗？

答：现在徐州市做了一个城市方面的座谈会，徐州市委市政府开了一个社会建设大会，对咱们徐州市的期望比较高。我们在此次大会后开始抓考核，对所有与科教文娱体相关的都规整一下。比如说早教问题，我们的教育部门对每一个县市区进行考核，我们排出名次来，每年年终的时候进行考核。发改委在批教育资金的时候，很多时候会看这些信息。现在这个东西出台以后，大家会主动去做一些工作。

问：那也就是说，早教这一块还主要是市场定价？

答：它的情况是这样的，大部分好一点的、知名度比较高的，还是跟其他的捆绑在一起。比如说你想上我们的幼儿园，那就上我们的早教班吧。它不是一个真正的市场化。

第三例（个案161227SZ1SQ01ZF）

"0~3岁的早教，计生方面叫科学育儿，主要是开展亲子活动，它的形式也比较多样，如跟幼儿园联合建设，将托幼机构的服务范围往前延伸，另外是依托社区、街道，由政府做一些牵头活动。通过这种活动，可以教导家长如何科学地哺育小孩。从（原）国家卫生计生委层面来说，这个提法不是很清晰，各地落实得也有差异。我们苏州市还是主要注重0~3岁的早期发展，更加注重医疗和保健，原先计生方面做得比较好的东西，我们就将它移植过来了。比如，与社会上一些早教机构开展商业模式的结合。我们现在所做的工作与幼儿照料其实是没有关系的，不管是什么样的形式，小孩不能自己跑过去，还是需要有人带过去。像你说的这个问题，可以从妇女权利方面来提。像我比较欣赏的一个做法就是，以前很多大型单位都拥有自己的托儿所。"

此外，在与苏州市原卫生计生委几位处于育龄期的工作人员的交流中，我们获知了一个情况，这几位女性不愿意生育第二个孩子在很大程度上源于以下两点担忧：第一，担心产假过长对职业发展产生影响；第二，担心因工作繁忙而无法给予二孩高质量的早期教育。

这几位女性均表示她们难以信任纯商业化的早期育儿服务，认为商业化运作的早期育儿服务存在服务质量良莠不齐、工作人员素质偏低、所需支出金额较高等缺陷。因此，政府可以考虑加大对早期育儿公共服务方面的资金及资源投入，推动早期育儿服务发生"去商业化"的转变。应通过制定相关政策，鼓励社会资本依托社区或大型企事业单位提供普惠性早期育儿服务，如优惠性租用社区公共服务场所、给予税收减免等。初步形成以社区及单位为依托，以相关社会服务机构为中心，向家庭辐射的早期教育公共服务机制与网络。

民政部、财政部早在2012年就联合发布了《关于政府购买社会工作服务的指导意见》，充分肯定了社会工作专业人才在困难救助、矛盾调处、人文关怀、心理疏导等方面所发挥的重要作用。将社会工作服务与早期育儿公众服务两者相结合，一方面能够通过社会工作专业力量的介入，有效解决早期育儿在去商业化过程中所面临的部分难题，另一方面能够扩大社会工作服务机构的工作领域。

基于我国早教发展现状以及民众的需求，本课题组认为主要应从以下几个方面来改善早教领域的问题：一是国家必须加大对早教行业的管理，及时评估早教行业的质量，向大众公布具有权威性的早教行业评估报告；二是整治"捆绑式"消费现象，促进早教服务费用合理化；三是国家相关部门，如民政部和卫生健康委可联合起来致力于早教事业的发展，将公办

教育资源引入该领域，打破公办教育在0~3岁这一阶段的真空状态；四是注重培养专门性人才，使其能够提供满足公众需求的完善早教服务；五是在经济发展较好的地区可以出台幼儿早教补贴政策，解除大多数家庭的后顾之忧。

5.1.2 注重教育资源的合理配置，完善学前教育与义务教育

学前教育现状分析：全面两孩政策实施后，中国将于2020年迎来第一批"全面二孩"入园，2022年将达到"全面二孩"入园的高峰期（郑益乐，2016）。基于人口增长状况，中国学前教育专任教师和保育员的需求均超过现有的供给规模。同时，学前教育经费需求与供给之间的矛盾特别突出，中国目前的学前教育经费供给水平远远不能满足未来学前教育发展的需求（杨顺光、李玲、张兵娟等，2016）。此外，在实际调查中，群众普遍认为学前教育费用过高，加重了家庭的抚养负担，同时认为国家应该将学前教育纳入义务教育范畴。以下是相关案例呈现（注：在不改变受访者原意的前提下，对以下对话进行了文字处理）。

第一例（个案161202XZ1YH01ZF）

问：您对孩子的教育有规划吗？

答：有啊。我比较担心教育问题。特别是幼儿园费用很高的，也不知道国家未来会不会把幼儿园教育纳入义务教育，这样我们也能省点心。我女儿现在上小学，成绩不太好，我在外面给她报了补习班。

问：您觉得二孩政策开放对教育资源的影响如何？比如说学校数量及规模、教职工质量及数量、政府教育经费补贴之类。

答：肯定会变多啊。特别是幼儿园，肯定要更多了吧。还是我刚才说的那样，教师的资历、质量一定要提升。政府也要多给些补贴，幼儿园费用很高，有正式工作单位的，孩子上托儿所还有一些补贴，我们这些下岗打工的，全部都要自己出。不知道政府以后会不会把幼儿园纳入义务教育范畴。

第二例（个案161202XZ3LY02ZF）

问：现在您有两个孩子了，您有和老公一起做过孩子未来的教育规

划吗？比如希望孩子上学上到什么程度？

答：这个没有什么具体的规划，就是尽量培养，不去勉强。

问：那会给孩子培养什么兴趣爱好？会报一些课外的辅导班吗？

答：这个就看孩子自己有没有兴趣了。

问：从去年年底开始，二孩政策全面开放，可能会在短时间里增加大量新生儿，您觉得有哪些教育措施、设施需要去跟进？

答：主要是怕上幼儿园、小学。因为校区的关系，进好的学校会很难，以后买房子什么的都要多注意了。不然找关系的话，托人还要花钱。

义务教育现状分析：全面两孩政策的实施对义务教育的影响将从2022年左右开始显现，短期内可能会出现需求剧增的现象，但义务教育学生规模在2030年达到峰值之后，会重新开始缩小。中国义务教育阶段现有的教职工规模已经基本可以应对未来全面两孩政策带来的压力，但也应警惕快速城镇化带来的农村义务教育资源浪费和城镇义务教育承载能力不足等问题（李玲和杨顺光，2016）。不可否认的是，在部分时期还可能由于在校学生规模缩小而出现教职工过剩的情况。此外，偏远贫困地区学校由于教师流失，补充困难，仍存在结构性缺编的问题（周钧，2015）。实地调查结果还显示，在义务教育阶段，课外补习现象依旧存在，并有"不上辅导班就跟不上（上课进度）"的说法。

以下是相关案例呈现（注：在不改变受访者原意的前提下，对以下对话进行了文字处理）。

第一例（个案161202XZ2LT09JN）

问：我能问一下您对生育二孩的看法吗？主要是愿不愿意生育孩子方面的。

答：现在养孩子太难了，主要还是教育问题。钱太难挣了，上辅导班的费用挺高。现在咱国家的教育吧，小孩儿都得上辅导班，不上辅导班就跟不上。虽然说上学的费用少了，但是辅导班投入的钱多。

第二例（个案161202XZ3LT01ZF）

问：要是生育二孩的话，您的教育费用怎么安排？

答：那还没有考虑。现在孩子的费用相当可观。其实普通上学的钱不多，现在的问题是你不补课，就胜出不了。考试的东西不在教学的范围内。你不补课，你就不及格。你补课了，你就跟得上。一个月的补课费，加起来都有3000多块。而且现在还是小学，要是初中、高中，那就更多了。

问：辅导班是学校老师办的，还是自己找的？

答：我们没跟老师学，是自己打听的。你看，要是两个小孩的话，教育费用就会负担不起，别的都还可以。

问：想问一下，您在选择学校的时候有受限吗？

答：学校的话，不能输在起跑线上，肯定为孩子选择好一点的。

问：那咱徐州市的教育资源以及分配怎么样啊？

答：数量和质量都还可以。徐州市的教育质量都还可以，就是门槛太高了。

问：也就是说，入学还是有一定的标准的？

答：就是说学校不平衡。你说你的辖区不好，你就要择校。你择校吧，那就离得太远。师资力量不平衡。

问：您觉得要是二孩全面放开后，我们的学校数量还要扩大吗？

答：学校数量够了，就把师资力量均衡一下。

针对以上问题，本课题组从学前教育与义务教育两方面分别提出发展建议。

针对学前教育，本课题组认为：首先，应密切关注新增人口变化状况，明确幼儿园规模变化趋势，避免盲目配置教育资源；其次，整合现有教育资源，分担全面两孩政策产生的压力，理性分析公众在幼儿教育方面的需求状况；再次，扩大学前教师培养规模，确保学前教育师资质量，建立科学有效的学前教育督导评估制度；最后，完善幼儿园收费评审系统，发展公众普遍"上得起"的幼儿园。此外，还需要加强对私立幼儿园的综合考核，不仅要加强对其收费标准的考核，还要加大对其教学质量和教师质量的审核，严厉禁止私立幼儿园教师因"收礼"的差异而区别对待孩子这种现象。因此，应该继续完善以公办园和普惠性民办园为主体的学前教育公共服务体系，解决"入园难"问题。

针对义务教育：首先，国家应该在准确预测人口变动趋势的基础上，正确做出义务教育发展规划，保障学龄人口的教育需求，避免教育资源供给出现结构性矛盾；其次，未来义务教育经费投入压力会大幅提升，各级政府必须高度重视（梁文艳、杜育红和刘金娟，2015）；最后，必须确保政策受惠人群真正享受到国家的补助。

5.2 完善卫生服务体系建设

可以预见，全面两孩政策实施后，人口出生率将会进一步上升，出生人数会进一步增加。对医疗机构来说，这无疑是很大的挑战，其中对妇产科和儿科的冲击最大。未来，产前筛查与诊断、人类辅助生殖技术等专项技术服务需求将大幅增加，高龄妇女孕产期合并症、并发症的风险将增加，危重孕产妇、新生儿救治和出生缺陷综合防治的任务将更加艰巨。

针对婴幼儿保健方面，2016年4月国务院办公厅发布的《深化医药卫生体制改革2016年重点工作任务》中特别提出："采取推进高等院校儿科医学人才培养、住院医师规范化培训招生适当向儿科专业倾斜、开展县市级儿科医师转岗培训、增加全科医生儿科专业技能培训等措施，加强儿科医务人员队伍建设。"2016年5月原国家卫生计生委等部门发布的《关于加强儿童医疗卫生服务改革与发展的意见》中，对"加强儿科医务人员培养和队伍建设"进行了专门部署。

针对孕产妇保健方面，原国家卫生计生委有关领导提出，要增加妇幼保健服务能力供给，加强技术人员的培训；做好分级诊疗，引导群众合理选择助产服务机构；加强咨询指导，增强孕产妇自我保健能力；完善危重孕产妇和新生儿转诊、会诊网络和机制，确保急救通道畅通。

基于对访谈资料的整体分析，本课题组认为医疗机构的改革要从以下几方面展开：第一，培养周期要合理化，既要保证妇产科、儿科医疗工作者的素质，又要保证数量，以更好地应对"二孩潮"；第二，要提高医务工作者尤其是儿科医生的收入待遇，利用市场的供求关系来壮大儿科医务人员队伍；第三，加大对医务工作者的保护措施，加大对医闹等违法行为的处罚力度；第四，保证城乡医务工作者的比例，确保其符合地区的发展水平；第五，促进医疗资源的合理配置，使社区服务站有能力接收孕妇做基础检查与护理。

问：您觉得在妇幼保健方面的资源够吗？

答：以前我自己生孩子的时候，病床是一个大问题。要提前很长时间去预定，当时是找的熟人。我那时候刚住进去时，是一个十几人的病房，很不方便的。我剖腹产之后进了一个两人间的病房，但之后还是有加床进来，最后变成了三人那种，人太多了。一般剖腹产要在医院观察一周，但那时候最多五天，医院就会要你回家休养。现在有一个社区在搞试点，就是社区建设了妇幼保健室，能够做一些简单的孕产检查，而且是分成一般、中等、高等三种病房，能够让你根据自己的状况来选择相应的服务。另外，请的是一些退休的比较好的医生，这样的话比较有保障，感觉也挺好的。

（个案161227SZ3LT01）

在卫生服务体系建设与完善方面，可以从以下几个方面展开。

首先，完善公共场所母乳哺育室建设，切实为相关人员提供便利。全面两孩政策实施以来，苏州市率先在公共场所建成30家母乳哺育室。这一举措一方面体现了对妈妈们的尊重和关爱，另一方面为婴幼儿接受母乳哺育提供了有效的保障。

问：如果国家鼓励生二孩的话，您觉得国家做什么最能够打动您？

答：我觉得是产假吧，作为一个医务人员，我知道母乳喂养的重要性，但是因为产假过短，我无法对孩子进行纯母乳喂养。而且年龄也是一个关键的问题，假设我第一个孩子都七八岁了，我也不愿意再生一个重新带一遍。以我现在每天的工作模式来看，我每天陪孩子的时间也就是两三个小时，我如果再生一个老二的话，第一个孩子肯定是没法带的。我们从今年开始做一个公众项目，三年要建100家公共哺乳场所，第一年已经建了30家了，由政府牵头引导公共服务单位来做。

（个案161227SZ1SQ01ZF）

其次，引导女性职工数量较多的企事业单位在单位、工业园区等建设"妈妈驿站"，为女性度过特殊的生理阶段提供温馨的环境。例如，苏州市在全市范围内启动了"妈妈驿站"建设工程，2016年已建成218家，并计划在之后两年内共建成355家。在女性职工较多、条件成熟的企事业单位、工业园区、商务楼和公共场所中设立私密干净、舒适安全的休息场所，能够有效消除女性在工作场所哺育幼儿的尴尬。

5.3 保障妇女就业

对作为生育主体的女性而言，生育不仅是一个漫长的周期与复杂的过程，还会影响自身的职业发展。孕产及哺乳过程消耗了女性大量的时间与精力，不可避免地影响着职场女性的工作进度，使女性在职业规划与发展上无法像男性一样连贯、顺利。

虽然现在我国社会已基本消除了对女性就业的显性歧视，但隐性歧视仍普遍存在，而全面两孩政策的实施可能加剧这种隐性歧视。各地政府应在结合当地社会经济发展实际情况的基础上，完善相关生育福利机制，给予女性员工优待，如进一步完善生育保险制度、扩大覆盖范围和延长享受时间。

首先，政府可以尝试将生育成本以"社会化分摊"的方式进行分摊。国家规定的生育假期政策保障了女性在特定的生育时期内工作保留的权利，使已育女性在一定程度上避免了劳动力市场风险。然而，国家规定的生育假期政策实际上将一部分成本潜在地强加给了生育妇女所在的单位，后者可能会因此对生育期妇女采取不利的行动。因此，一方面，可以通过提供儿童托管服务并提升其服务质量，缩短女性产后职业间隔期；另一方面，可以通过推动已育妇女兼职就业，增加她们在产后的工作可选择性及弹性。

其次，政府可以帮助女性提升自身的职业生涯规划能力。在传统学校教育阶段，学校很少向学生提供较为系统的职业生涯规划培训，也很少顾及性别因素，因而我国女性在这方面的知识和能力处于一个较低的水平。因此，政府可以考虑在就业领域提供公益服务及相关政策福利，或者利用女性孕期为其提供相关培训，从宏观层面为女性孕后的职业复苏和发展提供一定的支持。

最后，全面两孩政策在国家层面实施后，地方上的法规、福利政策等也应重新修订。然而，国家层面全面两孩政策的施行对完善地方性相关法规、政策等的促进作用是比较有限的。一些涉及个体生育家庭及生育者具体情况的法规、政策等如果不及时修改，就很可能出现自相矛盾的情形。这会使生育家庭将大量精力投入到对法规、政策等的理解与执行中，或是通过钻空子来试图规避约束，从而不利于整个生育过程。因此，全面梳理地方性相关法规、政策等也是构建全面两孩政策配套政策可能存在的路径之一。

5.4 完善社会保障体系

从完善相关社会保障制度方面出发，首先，政府应该对生育意愿较高的70后妇女的二孩生育过程给予重视，可以考虑为这部分人群开辟免费或相对低价的二孩生育安全评估绿色通道，通过政策推动促进生育门诊的积极建设，让更多的家庭能够生育出健康、聪明的子女，进而为社会培养出有用人才。

其次，应进一步明确男性在育儿过程中应承担的责任。我国传统的性别文化视角缺乏对家庭内部分工的关注，片面夸大了家庭成员利益的一致性。目前在我国的政策背景下，一个比较明显的误区是单方面地增加女性的产假。尤其是全面两孩政策出台以后，部分地区在原有的基础上延长了母亲的产假，这样的做法虽然为女性赢得了更多哺乳和生理恢复的时间，有利于激发女性的生育意愿，但是在强化母亲的育儿主体意识的同时，淡化了父亲的育儿责任。因此，政府需要在公共政策上进行正确的引导，在保证母亲产假的同时，实行全国统一的"父育假"，并且使其在时间上尽可能与女性的产假达到一致。生育是夫妻双方共同的决定，育儿的责任和权益也应当由夫妻双方共同承担与分享，国家需要通过具体的政策来体现男性在家庭中的义务。

最后，国家要对妇女劳动权被侵犯的现状给予高度的重视。在全面两孩政策施行的过程中，就业机会不平等、女性就业率低、职业性别隔离严重、女性工资待遇低下等现象进一步加剧，政府需要通过进一步完善妇女劳动权保障立法、加强政府监管、加强宣传教育等方式来改变这一现状。另外，政府应进一步从社会性别的角度重新审视当前社会保障制度中对育龄女性存在的不利因素，从而制定出基于生育妇女特定需求的社会保障制度。

参考文献

[1] BONGAARTS J. Fertility and reproductive preferences in Post-transitional Societies [J]. Population & development review, 2001, 27 (Suppl.): 260-281.

[2] 曾毅. 试论二孩晚育政策软着陆的必要性与可行性 [J]. 中国社会科学, 2006, 2 (93): 109.

[3] 陈友华, 胡小武. 低生育率是中国的福音?——从第六次人口普查数据看中国人口发展现状与前景 [J]. 南京社会科学, 2011 (8): 53-59.

[4] 陈友华, 苗国. 意料之外与情理之中: 单独二孩政策为何遇冷 [J]. 探索与争鸣, 2015 (2): 48-53.

[5] 陈友华. 全面二孩政策与中国人口趋势 [J]. 学海, 2016 (1): 62-66.

[6] 贾男, 甘犁, 张劼. 工资率、"生育陷阱"与不可观测类型 [J]. 经济研究, 2013, 48 (5): 61-72.

[7] 李芬, 风笑天. "对母亲的收入惩罚"现象: 理论归因与实证检验 [J]. 国外理论动态, 2016 (3): 74-83.

[8] 李芬. 工作母亲的职业新困境及其化解——以单独二孩政策为背景 [J]. 东南大学学报 (哲学社会科学版), 2015 (4): 12-20.

[9] 李玲, 杨顺光. "全面二孩"政策与义务教育战略规划——基于未来20年义务教育学龄人口的预测 [J]. 教育研究, 2016, 37 (7): 22-31.

[10] 梁文艳, 杜育红, 刘金娟. 人口变动与义务教育发展规划——基于"单独二孩"政策实施后义务教育适龄人口规模的预测 [J]. 教育研究, 2015, 36 (3): 25-34.

[11] 刘家强, 唐代盛. "普遍两孩"生育政策的调整依据、政策效应和实施策略 [J]. 人口研究, 2015, 39 (6): 3-12.

[12] 刘爽, 王平. 对"单独二孩"政策新的认识与思考 [J]. 人口研究, 2015, 39 (2): 57-66.

[13] 吕红平. 我国的生育政策: 变化轨迹与未来调整 [J]. 人口与社会, 2015 (4): 12-21.

[14]彭希哲.实现全面二孩政策目标需要整体性的配套[J].探索，2016（1）：71-74.

[15]乔晓春，任强.中国未来生育政策的选择[J].市场与人口分析，2006，12（3）：1-13.

[16]乔晓春."单独二孩"，一项失误的政策[J].人口与发展，2015，21（6）：2-6.

[17]乔晓春.从"单独二孩"政策执行效果看未来生育政策的选择[J].中国人口科学，2015（2）：26-33.

[18]乔晓春.实施"普遍二孩"政策后生育水平会达到多高？——兼与翟振武教授商榷[J].人口与发展，2014，20（6）：2-15.

[19]杨菊华."单独两孩"政策对女性就业的潜在影响及应对思考[J].妇女研究论丛，2014（4）：49-51.

[20]杨善华，贺常梅.责任伦理与城市居民的家庭养老——以"北京市老年人需求调查"为例[J].北京大学学报（哲学社会科学版），2004（1）：71-84.

[21]杨顺光，李玲，张兵娟，等."全面二孩"政策与学前教育资源配置——基于未来20年适龄人口的预测[J].学前教育研究，2016（8）：3-13.

[22]姚从容，吴帆，李建民.我国城乡居民生育意愿调查研究综述：2000-2008[J].人口学刊，2010（2）：17-22.

[23]原新.我国生育政策演进与人口均衡发展——从独生子女政策到全面二孩政策的思考[J].人口学刊，2016（5）：5-14.

[24]翟振武，李龙，陈佳鞠.全面两孩政策下的目标人群及新增出生人口估计[J].人口研究，2016，40（4）：35-51.

[25]翟振武，张现苓，靳永爱.立即全面放开二胎政策的人口学后果分析[J].人口研究，2014，38（2）：3-17.

[26]张丽萍，王广州.中国育龄人群二孩生育意愿与生育计划研究[J].人口与经济，2015（6）：43-51.

[27]张霞，茹雪.中国职业女性生育困境原因探究——以"全面二孩"政策为背景[J].贵州社会科学，2016（9）：150-154.

[28] 张晓青，黄彩虹，张强，等."单独二孩"与"全面二孩"政策家庭生育意愿比较及启示［J］.人口研究，2016，40（1）：87-97.

[29] 郑益乐."全面二孩"政策对我国学前教育资源供给的影响及建议——兼论我国学前教育资源供给的现状与前景展望［J］.教育科学，2016，32（3）：83-89.

[30] 郑真真.生育意愿、生育行为和生育水平：从江苏调查看生育意愿与生育行为［J］.人口研究，2011（2）：43-47.

[31] 中国人口与发展研究中心课题组.中国人口与教育发展战略研究［J］.人口研究，2009，33（2）：4-19.

[32] 钟晓华."全面二孩"政策实施效果的评价与优化策略——基于城市"双非"夫妇再生育意愿的调查［J］.中国行政管理，2016（7）：127-131.

[33] 周钧.农村学校教师流动及流失问题研究现状与发展趋势［J］.教师教育研究，2015（1）：60-67.

[34] 周长洪.关于完善现行生育政策的思考［J］.人口与发展，2011，17（1）：95-102.

[35] 朱奕蒙，朱传奇.二孩生育意愿和就业状况——基于中国劳动力动态调查的证据［J］.劳动经济研究，2015（5）：110-128.

实施全面两孩政策及配套改革情况
——基于湖南和山东两省政策比较的调研分析

2015年10月，党的十八届五中全会决定，坚持计划生育的基本国策，完善人口发展战略，全面实施一对夫妇可生育两个孩子的政策。2016年1月1日起，修订后的《人口与计划生育法》开始实施，全面两孩政策正式启动。为了深入了解全面两孩政策的落实情况以及配套改革的进展情况，课题组于2016年12月22—24日、26—27日分别赴湖南省和山东省对相关部门和社区居民开展了实地调研。

1　全面两孩政策进展情况

湖南省是我国农业大省，也是人口输出大省，常住人口在中部六省中仅次于河南省。山东省是我国人口第二大省，户籍人口规模仅次于河南省，常住人口总量仅次于广东省。全面两孩政策出台以来，两地深入贯彻落实党中央部署，及时调整生育政策，加快制定妇幼健康、教育、就业和社会保障等领域配套政策。

1.1　调整生育政策

1.1.1　修订计生条例

新计生法实施以来，山东省和湖南省加快修订地方条例，分别于2016年1月22日和2016年3月30日公布施行新的计生条例。其中，湖南省还印发了条例的应用解释，并下发了一系列配套的规范性文件，如《关于坚持和完善计划生育目标管理责任制的实施意见》《关于推进计划生育服务管理改革的指导意见》《湖南省生育服务登记和生育证管理办法》等。

两省的新条例均明确了全面两孩政策，规定了再婚、子女残疾等再生育子女的情形。其中，湖南省还明确提出收养子女不计算子女数；在计划生育服务管理方面，对生育两个以内子女的实行生育服务登记制度，不再实行生育审批。此外，两地均取消了晚婚晚育假期并延长了生育假期。其中，山东省在国家规定的产假外增加了60天产假，并给予男方7天护理假；湖南省则规定女方除享受国家规定的产假外，另增加60天产假，男方享受20天护理假（见表1）。

表1 湖南省和山东省生育假期延长情况

	产假（天）	护理假（天）
国家规定	98	—
湖南省	98+60	20
山东省	98+60	7

1.1.2 调整计生奖励政策

对原有的计生优待政策，两地均按照"老人老办法，新人新办法"的原则，对已经取得《独生子女父母光荣证》的或符合扶助条件的，允许其继续享受各项奖励优待。此外，两地还在奖励扶助政策覆盖人群以及奖扶标准等方面进行了完善和调整。

一是调整计划生育奖励优惠政策口径。山东省规定，对于独生子女父母为机关、事业组织、企业职工以外城镇其他居民的，由县（市、区）人民政府参照农村部分计划生育家庭奖励扶助制度给予奖励扶助，以弥补部分城镇人员难以享受独生子女父母奖励的空白，并将独生子女父母奖励费领取年限由子女年满14周岁延长至18周岁。湖南省在原农村部分计划生育家庭奖励扶助对象基础上，进一步将合法生育两个子女但未达到生育间隔、未达到法定婚龄结婚生育子女、终身未生育但合法收养子女三类人群，纳入奖励扶助范围。

二是提高计划生育特殊困难家庭扶助关怀补助标准。山东省东营市对独生子女父母、双女父母、非独生子女死亡现无子女父母每人每月增发基础养老金20元，对独生子女伤病残父母每人每月增发50元，对失独父母每人每月增发100元。湖南省在2015年统一城乡标准的基础上，从2016年1月起，将计划生育死亡伤残家庭扶助标准每人每月提高50元；从2016年10月起，将计划生育手术并发症人员扶助标准每人每月提高100元。

1.1.3 优化计生服务管理

除了按照国家规定对符合政策的生育夫妻由生育审批制度调整为生育登记制度之外，湖南省还在优化计生服务管理方面进行了探索。

一是试点计生诚信管理。湖南省新修订的计生条例中提出将"计划生育情况纳入社会信用体系"，部分县市已开展相关试点，如湘潭市八部门联合发文，对违法生育且拒不缴纳社会抚养费或实施"两非"行为情节严重的人员，进行失信惩戒。

二是推行"多证合一"。湖南省推行生育服务登记证明、母子健康手册、儿童预防接种证、出生医学证明等"多证合一"的整合和协同工作模式，并在永州市进行相关试点。

1.2 制定配套政策

在妇幼保健政策方面，加强出生缺陷综合防治和妇幼健康服务。湖南省出台政府规章《湖南省出生缺陷防治办法》，对出生缺陷分别从婚前孕前、产前、新生儿三个节点实行三级预防；出台《湖南省财政厅、湖南省卫生和计划生育委员会关于进一步完善计划生育投入机制的实施意见》，明确建立新生儿出生缺陷干预专项补助制度；印发《湖南省卫生计生委关于实施全面两孩政策加强母婴安全管理的通知》等。山东省出台了《关于进一步加强出生缺陷综合防治 提高出生人口素质的意见》《关于进一步加强全省妇幼健康服务工作的意见》等。

在教育政策方面，加大教育资源供给，改善设施布局。湖南省制定实施《湖南省中小学校幼儿园规划建设条例》，提出"保证中小学校、幼儿园的规划和建设与城乡发展、人口增长相适应"，将人口因素列为中小学校、幼儿园布局的重要因素。山东省印发《关于解决城镇普通中小学大班额问题有关事宜的通知》，设立中小学教师临时周转编制专户，缓解师资紧张的状况；印发《山东省第二期学前教育三年行动计划（2015—2017年）》，提出全省每年新建、改扩建公办幼儿园2000所。

在就业和社会保障政策方面，营造公平的就业环境，维护职工生育权益。湖南省岳阳市被纳入生育保险和疾病医疗保险合并实施试点城市，并稳步推进试点工作。

2 政策实施效果及影响

全面两孩政策实施后,从湖南和山东两省的调研情况来看,受单独两孩政策等叠加因素的影响,育龄妇女的生育意愿呈现出了较为明显的变化,生育意愿显著增强,积累的生育需求短期内集中释放,出生人口中二孩、多孩的数量均有明显提升,生育人群也呈现出高龄产妇激增的态势。考虑到生育行为的滞后性,政策的实际效果和影响还有待进一步考察。

2.1 生育意愿变化情况:短期内政策效果符合预期

全面两孩政策实施以来,两地育龄妇女生育二孩的意愿均显著增强。湖南省2016年度出生人口比上年增加8.2万人,其中,一孩减少3.4万人,二孩增加8.7万人,多孩增加2.9万人。从二孩生育证办理情况来看,湖南省2014—2016年每年办理数量分别为14.7万本、17.49万本和31.55万本,2015年同比增长19.0%,到2016年增幅高达80.4%。尤其是在城镇化发展水平较低的湘南地区、大湘西地区(衡阳市、邵阳市、郴州市、永州市、娄底市、湘西州),再生育意愿更强。2016年山东省原卫生计生委的生育意愿调查情况显示,一孩家庭希望生育二孩的比例为38.4%,表示没想好的占14.7%,不想生的占46.9%。分年龄阶段来看(见图1),80后育龄妇女(25~34岁)希望生育二孩的比例最高(接近2/3)。与二孩政策放开前山东省社会科学院开展的2015年经济社会综合调查情况相比,一孩家庭的再生育意愿(15%)有较为明显的提升。

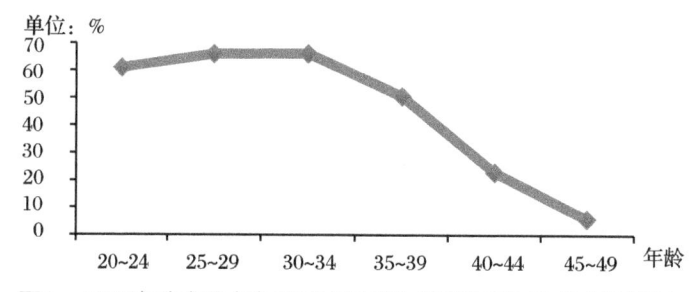

图1 2016年山东省各年龄段育龄妇女希望生育二孩者占比情况

资料来源:山东省原卫生计生委。

2.2 出生人口变化情况：一孩减少、二孩增多、多孩反弹

2.2.1 育龄妇女规模下降，一孩出生人口趋于减少

受前期独生子女计划生育政策的影响，育龄妇女的人数逐年减少，一孩出生人口规模趋于下降。2016年，湖南省育龄妇女1869万人，比2015年减少了20万人[①]；2016年，山东省育龄妇女2335万人，比2015年下降了47万人，预计到2020年还将减少186万人，其中20~29岁的婚育旺盛期育龄妇女预计在"十三五"期间将年均下降8.6%。如图2所示，从2012年起，湖南省一孩数量逐年减少，2016年一孩出生人数为43.6万人，同比下降6.8%。山东省西部地区也出现了一孩出生人数下降的情况，如临沂、枣庄、聊城等市2016年一孩出生人数比上年分别减少9.3%、6.2%和3.5%。

图2 2010—2016年湖南省出生人口情况

资料来源：湖南省原卫生计生委。

2.2.2 积累的生育需求集中释放，二孩出生数量明显增多

实施全面两孩政策以来，受单独两孩政策叠加效应的影响，湖南和山东两地二孩出生数量均有显著的增加。同时，随着一孩出生规模的下降，总出生人口中二孩占比逐年增加，并超过了一孩比重。如图2所

---

① 数据来源于湖南省原卫生计生委。

示，2016年，湖南省出生人口中二孩评估数达51万人[①]，同比增长近两成；出生人口中二孩所占比重首次过半，预计达56%，比一孩（47.8%）高8.2个百分点。2016年，山东省各地区出生人口中二孩同比增幅均在25%以上，尤其是计生工作基础较好、生育属性偏好较为明显的东部地区，二孩生育需求集中释放的力度更为显著。自2013年山东省取消生育间隔以来，山东省出生人口中二孩比重快速上升，2016年二孩占比已达62.3%（见图3）。

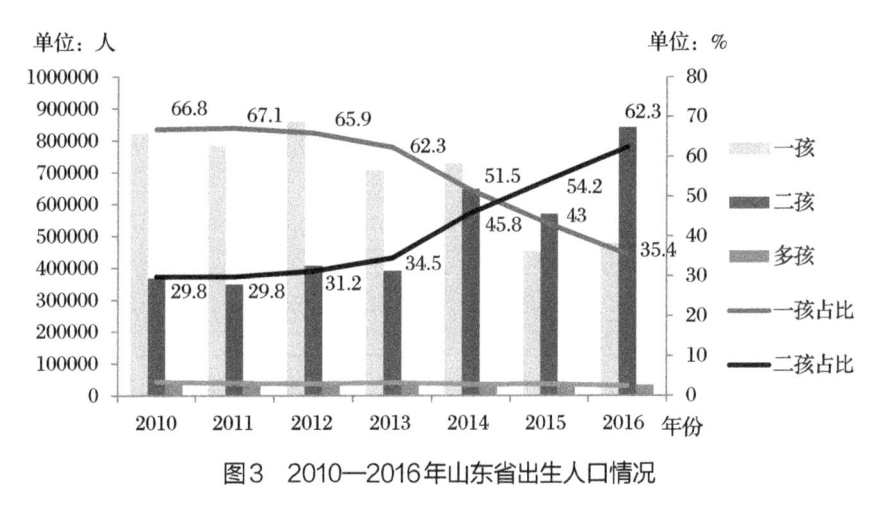

图3　2010—2016年山东省出生人口情况

资料来源：山东省原卫生计生委。

2.2.3　刺激多孩生育意愿，多孩生育情况有所反弹

生育政策的调整在一定程度上刺激了多孩生育意愿，政策外生育的情况呈反弹态势。课题组调查发现，2016年，山东省二孩出生大幅增长的地区，三孩出生也有显著增长，且政策内生育率有所下降（见表2）。

[①] 该评估数是湖南省原卫生计生委基于活产数进行调整后的数据，此后公布的统计数据中没有分孩次的出生数。

表2 2016年山东省分市出生人口增幅变化情况（按二孩增幅降序排序）

单位：%

地区	一孩增幅	二孩增幅	三孩增幅	政策内生育率（2012年）	政策内生育率（2015年）	政策内生育率变动情况
烟台市	68.8	113.0	100.5	97.7	97.0	↓
青岛市	44.8	107.0	58.7	94.5	93.7	↓
东营市	27.2	96.4	103.8	93.9	90.7	↓
潍坊市	17.7	91.2	66.6	94.4	93.7	↓
威海市	60.9	89.2	118.2	96.2	95.1	↓
泰安市	15.4	88.6	50.4	95.1	92.5	↓
滨州市	10.6	82.0	39.4	86.9	89.1	↑
德州市	11.8	72.4	36.1	81.5	81.2	↓
济南市	34.4	69.5	24.3	90.3	90.7	↑
淄博市	24.5	67.6	36.6	94.3	93.0	↓
日照市	6.9	64.5	21.9	85.5	84.6	↓
聊城市	-3.5	48.8	3.0	64.7	71.7	↑
济宁市	-0.7	42.5	1.0	79.0	83.3	↑
枣庄市	-6.2	37.4	45.5	76.6	82.7	↑
临沂市	-9.3	35.5	4.2	63.6	73.3	↑
菏泽市	0.5	26.3	9.4	51.2	62.4	↑
莱芜市	3.4	25.0	-26.4	87.3	88.6	↑

2.3 生育人群变化情况：高龄孕产妇显著增加

随着生育政策的调整，生育旺盛期育龄妇女规模下降，高龄孕产妇规模增长显著。山东省2016年9月的孕情摸底数据显示，全省128.73万名育龄妇女中，35岁及以上的人数为29.27万人，占比为22.7%。

3 存在的主要问题

3.1 妇幼保健服务需求激增，存在结构性紧缺问题

单独两孩政策和全面两孩政策叠加下积累的再生育需求在近几年内集中释放，导致短期内妇幼保健等卫生计生服务资源需求急剧增加。

在妇幼医疗机构方面，调研情况显示，床位供需总量大体平衡，但结构性矛盾突出。近年来，随着妇幼保健机构的新建和改扩建，医疗机构的床位数在总量上基本可以满足增长的需求，但城市资源尤其是优质资源紧缺。以湖南省为例，约90%的孕产妇选择在县级以上医疗机构分娩（其中，约65%在县级，约25%在省、市级），选择乡镇卫生院分娩的仅占10%左右。

在产科医护人才队伍方面，一是随着出生人口快速增长，医护人才需求增多；二是医护人员女性占比较大，行业内部生育需求增加也降低了人力资源供给，因而产科和儿科医师、助产士等人才短缺问题明显。

此外，在高龄、高危孕产妇增多的形势下，母婴安全风险和出生缺陷发生风险加大，医疗服务水平和急救能力面临挑战。

3.2 生育保险压力加大，缺口风险有待防范

一是延长生育假期间的工资福利难以落实。尽管修订的《人口与计划生育法》明确提出符合政策生育子女的夫妻可以获得延长生育假的奖励，各地在全面两孩政策落实中也设计了生育假期延长办法，但在实际执行中，一些地方政府规定新增加的产假期间的工资福利等由用人单位支付，一些地方政府则没有明确规定具体的支付渠道，这就导致生育二孩的女职工产假期间的待遇难以落实。

二是生育保险基金收支平衡压力加大。根据人力资源社会保障部、财政部联合印发的《关于适当降低生育保险费率的通知》，从2015年10月1日起，生育保险费率下调至0.5%（湖南省、山东省分别由0.7%、1%下调至0.5%）。

生育保险费率下调后，生育保险基金收入有所减少，而全面两孩政策实施后职工生育人数明显增多，基金支出显著提升。在收支两方面因素的作用下，部分地区的生育保险基金已出现当期收不抵支的情况，制度运行缺口风险增大。例如，湖南省本级、长沙市、岳阳市等已出现当期赤字。

3.3 教育需求倒U形反转，资源合理配置面临挑战

随着生育政策调整，短期内积聚的生育需求释放将引发生育小高峰，推动"十三五"乃至"十四五"期间对幼儿园、中小学等教育资源的需求快速增长，教育资源在一段时期内将相对紧张。但受人口老龄化的影响，长期来看，学龄人口将呈下降趋势。据预测，"十四五"之后，义务教育阶段的学龄人口将稳中趋降，并呈现持续下滑趋势（见图4）。因此，公共教育资源调整面临挑战，既要有效满足学龄人口入学需求，又要防止学龄人口下滑后的资源空置浪费。

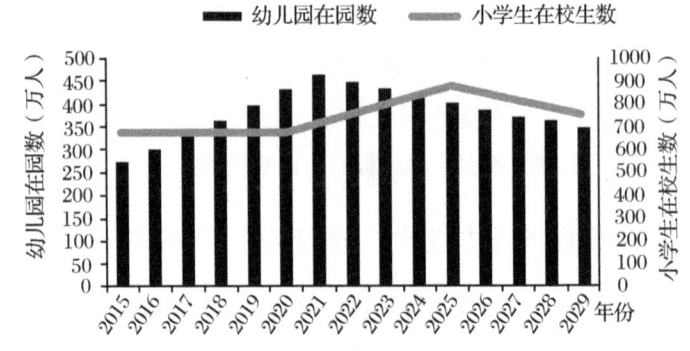

图4 2015—2029年幼儿园在园数和小学生在校生数

资料来源：根据2015年1%人口抽样调查数据测算得到。

3.4 政策遗留问题尚待破解，过渡期维稳压力凸显

全面两孩政策实施之后，如何对待处理过去积极响应独生子女生育政策的特殊家庭和特殊人员等政策遗留问题尚待破解，部分人群成为政策出台以来新的上访户，尤其是过去计划生育政策实施严格的地区，人口老龄化情况更为严重，地方财政投入更多，"还账"压力更大，面临的维稳压力也更重。

一是失独家庭保障问题。尽管针对超百万的失独家庭有一定的扶助补助，但在养老照料、精神慰藉等方面还缺乏有针对性的保障服务。

二是乡村计生专干待遇问题。生育政策调整以来，过去在乡村从事计生工作的专干不被理解，缺乏关心和爱护，感觉"灰溜溜""灰头土脸"，且不满于退休后既不享受村干部待遇，也不能像村医一样享受补贴，当前已成为地方上访的主力人员。

三是社会抚养费征收问题。全面两孩政策落地以来，对于是否向过去违反生育政策的人群继续征收社会抚养费、如何征收等问题，执法部门无所适从。政策调整后征收的阻力进一步加大，但如果不征收则会出现"不执行政策的反而没被处罚"的现象，引发已征缴群体的不满。

4　进一步完善生育政策的建议

4.1　加强妇幼保健服务，提高出生人口素质

一是加强妇幼保健服务体系与能力建设。优化妇幼保健服务资源布局，加大对基层妇幼保健服务的宣传力度，提升群众知晓率和认可度。加强产科和儿科医师、助产士等急需紧缺人才的培养和培训工作，在薪酬分配、职称晋升等方面向产科、儿科倾斜，提升医护人员的服务能力和服务水平。推进医疗联合体建设，利用信息化技术远程医疗等手段，将优质资源下沉到基层。

二是加强出生缺陷防范。针对全面两孩政策实施后高龄和高危孕产妇剧增、出生缺陷发生风险增加等情况，加大出生缺陷防治、科学备孕、优生健康检查、孕产期保健、产前检查等健康知识宣传。

4.2　完善家庭支持政策，消除后顾之忧

一是科学匹配公共教育资源。在相关规划制定和政策调整中充分考虑生育政策调整带来的出生人口变化因素，科学布局幼儿照料、学前教育、中小学教育资源。

二是政府和工作单位共同营造良好的社会氛围。鼓励对生育困难的家

庭提供免费爱心助孕服务。推进工作场所哺乳设施建设。

三是推进医保合并，落实延长生育假制度。推进生育保险和基本医疗保险合并，整合经办资源，提高基金使用效率和抗风险能力，切实保障生育二孩女职工的产假津贴待遇。

4.3 关注重点人群，妥善解决遗留问题

一要加大特殊家庭扶助力度。对失独家庭、独生子女伤残家庭、计生手术并发症家庭等计生政策特殊困难家庭加大扶助关怀力度，在生活照料、养老保障、大病治疗、精神慰藉等方面给予政策倾斜。

二要淡化并逐渐取消社会抚养费征收。统一政策执行部门的观念，淡化和弱化社会抚养费征收，中长期内逐渐取消社会抚养费制度，形成稳定的生育政策预期，减少因社会抚养费征缴而引发的社会冲突和社会矛盾。

三要做好农村计生专干的奖励补贴工作。要特别关爱农村计生专干，对于连续担任农村村级计生专干10年以上的，在其年满60周岁以后，给予一定额度的奖励补贴。

全面两孩政策实施中的问题及对策建议
——基于陕西省的实地访谈分析

全面两孩政策实施以来，实施效果正在逐渐显现。然而，由于计划生育内部政策衔接不畅和公共服务政策配套不足等问题，全面两孩政策在实施过程中依然存在很多现实的困难和挑战。为此，我们采用文献研究、实地调研等方法，分析了我国全面两孩政策实施中存在的主要问题，并选择陕西省西安市、咸阳市等地部分社区进行了专项调查。专项调查以对基层计生干部的访谈为主，辅以对省发展改革委、计生部门相关工作人员的访谈。本次访谈覆盖了11个社区，共进行组访15次、个访35次，总结了各地全面两孩政策实施状况以及当地特色的一些经验做法。

1 全面两孩政策实施的基本情况

随着国家出台《关于实施全面两孩政策 改革完善计划生育服务管理的决定》等一系列文件，并及时修订《中华人民共和国人口与计划生育法》，各省（区、市）顺应发展需要，在原国家卫生计生委的整体规划和协调下，结合当地实际，因地制宜地调整了计划生育条例，为生育新政全面落实奠定了政策基础。

1.1 政策导向更加体现以人为本的理念

《人口与计划生育法》从生育政策、利益导向政策和技术服务政策三部分进行了调整，主要体现为生育政策尽量从宽，利益导向政策的标准更加明确，取消技术服务政策的强制色彩。在生育政策调整部分，允许各地按照实际情况对再生育子女进行规定，并明确规定夫妻双方户籍所在地关于再生育子女的规定不一致的，采取有利于当事人的原则；在利益导向政策方面，明确了奖励扶助对象及标准，在惩罚性政策中也明确了有利于群众的原则；在技术服务政策方面，增强了群众的自主选择性，体现了以人为本的理念。

1.2 在总原则一致的基础上，地区之间呈现出差异性

2016年修订后的各地人口与计划生育条例仍保留了求同存异的特点，如均取消了晚婚假，在国家规定的98天产假基础上延长了产假天数，设立了男方护理假，并对违法生育行为仍然征收社会抚养费。同时，在总原则一致的基础上，具体内容呈现出差异性。

由于在地方计划生育条例中往往对不同户籍以及不同地区的人口具有不同的计划生育规定，所以这些家庭在子女生育及相关的奖励惩罚措施方面会无所适从。此外，各地区规定的不一致也会造成攀比或逃避现象（宋健，2016）。

各地的条例对再生育情形的规定有一定差异。例如，对于再婚夫妻再生育的情况，山东省计生条例规定再婚夫妻各生育一个子女，再婚后已共同生育一个子女的，经批准可以再生育子女，但是河南省却规定夫妻双方合计已生育两个子女，且没有共同生育子女的，可以再生育。同时，山东省计生条例规定两子女中有一个子女经依法鉴定为病残儿，不能成长为正常劳动力的，即可再生育，而河南省则规定经鉴定两个子女均为非遗传性病残儿的，才能再生育。

在奖励性政策方面，各地虽然都规定了对独生子女伤残、死亡家庭予以扶助，但或是未明确补助金额，或是具体金额并不一致，甚至差距巨大。如北京市计生条例规定："独生子女发生意外伤残致使基本丧失劳动能力或者死亡，其父母不再生育或者收养子女的，女方年满五十五周岁，男方年满六十周岁的，所在区人民政府应当给予每人不少于5000元的一次性经济帮助。"但是，按照陕西省计生条例及相关规定，失独家庭一次性补助金统一调整为每户3万元。

在惩罚性政策方面，目前已有20余个省（区、市）针对超生现象明确了社会抚养费标准，从2~3倍到3~10倍，各地标准不尽相同。广东、江苏、山西、内蒙古、贵州等地还与超生人群收入、职业等挂钩，对于三胎以上

的超生、重婚超生等，加大了征收力度。社会抚养费征缴依据的是地方经济水平，所以以往出现过经济发达地区超生人群到经济欠发达地区缴纳社会抚养费，以减少缴纳额度的案例。另外，在调研中发现，对于以前超生了二孩的，在全面两孩政策实施后到底要不要继续征收社会抚养费，各地意见非常不一致。此种情况在单独两孩政策公布后也出现过。当时国内各地做法不一，宽松的如浙江、安徽，都是有条件地免罚，若社会抚养费征收决定书未送达、未征收完结，只需补证即可；严厉的如江西、天津，都是按生育行为发生时的法规政策处理。其舆情反馈也大相径庭。

2 全面两孩政策实施中存在的问题

全面两孩政策实施后，计划生育内部政策衔接还跟不上生育政策调整的步伐。在当前的计生工作实践中，存在着众多不适应社会发展的问题，表现为计划生育部门尤其是基层计生部门的工作方向和服务理念尚未实现从数量控制向人口服务的真正转变，一些不依法、不依规的现象仍然存在。

2.1 奖励扶助政策差异大

在全面两孩政策下，奖励扶助政策的实施原则是"老人老办法，新人新办法"，但在具体实施中，存在"老人"和"新人"界定不清、奖励扶助标准省际和城乡差异大的问题，难以体现奖励扶助政策的公平性，进而影响群众对全面两孩政策的理解和认同。例如，在产假方面，各地规定的产假和陪产假期限不同，从而造成全面两孩政策下相同情形的居民不能享受相同的权利。

"老人老办法，新人新办法"这一奖励扶助目标人群的界定办法，对原有为计划生育做出贡献的家庭给予了肯定，但老办法的奖励标准过低，如独生子女保健费，与经济社会发展水平极其不适应。目前，独生子女伤残、死亡等独生子女政策的负效应开始加速显现，此类家庭的夫妻在精神慰藉、日常照料、疾病护理、养老服务等方面的需求较为强烈，但由于奖扶政策与现行社会保障体系衔接不够，养老、就医仍然是其面临的难题，而鼓励失独家庭再生育、收养、过继子女的政策，执行难度大。

全面两孩政策实施后，政策支持体系正从原有的奖励少生向保障人口安全转型，但对按政策生育两孩的家庭给予关爱和支持还未提上议程。2016年1月1日这一时间节点之前获得《独生子女父母光荣证》的即"老人"，可以享受独生子女父母奖励费等优待政策，在此之后的生育主体即"新人"，而面向"新人"的奖励政策及方式不明确。虽然提倡一对夫妻生育两个子女，但没有列出具体的针对二孩的优惠政策。

除此之外，计划生育奖励扶助政策还存在城乡二元化现象。计划生育政策的城乡二元化不利于实现计划生育政策的公平性，这也间接阻碍了全面两孩政策的实施。中国的二元化户籍制度是二元化计划生育政策体系的根源，由此也形成了奖励扶助二元化、生育数量二元化、社会抚养费征收二元化等问题。在城乡一体化进程中，农村户口和非农户口划分的取消是大势所趋，因此二元化的计划生育政策体系将不可避免地受到冲击。全面两孩政策实施以来，陕西等地以奖励扶助为突破口，积极尝试计划生育政策城乡一体化试点。总体而言，计划生育奖励扶助政策的适用对象尚未真正实现从特殊对象到全员人口的转变。

2.2 特殊计划生育家庭奖励扶助制度不健全，不能有效满足群众需求

全面两孩政策实施后，国家出台了多项政策以提高独生子女伤残、死亡家庭的扶助标准，对计划生育特殊家庭进行经济补偿。但对于独生子女伤残、死亡等特殊家庭在精神慰藉、日常照料、疾病护理、养老服务等方面的帮扶远远不够。虽然已有大部分地区对特殊家庭的精神慰藉等方面给予了相应的关注，但是仍然缺乏一套完整的体系，不能满足计划生育特殊家庭的各项需求。

2.3 违法生育事件难处理，历史遗留问题待解决

全面两孩政策实施后，取消了生育审批制，实行登记制，但生育登记的程序及受理机构不明确。现居地与户籍地之间的信息渠道不畅通，造成

两地协管难。实行登记制后，个人在享受婚育假、生育报销等政策时，有关部门应如何进行计划生育把关，对此没有做出新的具体规定。部分群众没有及时到计生部门登记或办理有关证件，造成计生部门相关服务无法落实、数据统计不准确、监管难度大等问题。同时，由于数据信息不共享，医院不能掌握相关出生情况，二孩生育在产后医疗报销方面执行难度较大。目前，个人在请婚育假、进行生育保险报销等环节上，还普遍存在着被索要"准生证"的情况，用人单位、现居住地对个人婚育情况没有履行核查、认定责任，极不方便群众办事。在服务管理中，还存在以下问题：流动人口难管理，信息难收集；实行网上办证后，对育龄妇女的监管、孕情跟踪服务、信息核查都存在较大困难；再生育技术服务水平难提升，尤其是基层难以满足全面两孩政策的服务需求；基层人员不稳定，村级计生干部待遇与责任过于失衡，其工作积极性受到影响。

长期以来，社会抚养费征收一直是按照《社会抚养费征收管理办法》执行，存在很多局限。全面两孩政策实施以来，新的《社会抚养费征收管理办法》迟迟没有出台，使计划生育部门在处理违法生育事件上缺乏依据，群众对社会抚养费征收产生了误解，认为可以随意超生，从而拒绝缴纳罚款，甚至向计划生育部门追要原来已经缴纳的罚款，将计划生育部门告上法庭。在实际裁决中，由于缺乏相关法律体系的支持，计划生育部门难以获得法律支持，这对计划生育部门的形象造成了较大影响，严重影响了计划生育部门对人口的有效管理。各地区的计划生育条例虽然规定了社会抚养费的征收标准，但执行成本较高，难以付诸实施。

在技术服务政策上，全面两孩政策加强了对育龄人群的避孕节育服务，但是对于已经上环的高龄妇女如何取环、如何避免术后并发症这些历史遗留问题，还需要进一步加强关注。

2.4 政策调整对不同群体的影响存在差异性

全面两孩政策实施后，70后、80后、90后的反应差异较大。70后是全面两孩政策近期的主要目标人群，其生育意愿较高，但因年龄较大，生育的生理与心理压力也较大；以80后、90后为主体的生育适龄人群，其生育观念有显著的差异。生育意愿调查表明，晚婚和小家庭已经成为主流的婚姻家庭模式，生育政策对育龄人群生育意愿的约束作用不断减弱。计划生育政策应充分考虑不同群体的需求，但这也会在一定程度上加剧计划生育政策制定的复杂性。

3 进一步落实全面两孩政策的建议

3.1 统一标准，弱化差异

全面两孩政策实施之后，政府应承担起计划生育奖励扶助的责任，取消或弱化各种差异，逐步形成以公平公正为价值取向的全国统一的政策。针对计划生育特殊困难家庭、失独家庭，要加大政策调整力度，应以财政转移支付的方式提高统一奖扶标准。另外，应从经济补偿方面取消城乡、地区间的差别待遇，使相同情形的公民享有国家帮扶的均等权利，从而消除地区间的攀比和逃避现象。

生育政策由"提倡一个"转变为"提倡两个"后，奖励扶助政策也应顺应新的人口政策要求，实现有效衔接。一是调整完善计划生育奖励保障政策，提高奖扶标准，使为计划生育做出贡献的家庭老有所养、老有所依。针对计划生育特殊困难家庭、失独家庭，要加大政策调整力度，增加针对伤病残家庭的帮扶内容，如发放伤残子女康复津贴、照料补助，或由政府出面为计划生育特殊家庭购买服务。二是提高计划生育优惠政策的兑现标准，如提高独生子女保健费、城市家庭独生子女父母补助金等，建议将多种优惠政策整合，增强奖励扶助政策对家庭发展的影响力。三是在全面两孩背景下实行面向"新人"的育儿津贴政策，延长妇女产假，增设面向丈夫的陪护假，给予按政策生育的群体一定的政策支持。四是简化现行奖励扶助金发放程序，使按政策生育的家庭能够较快地享受到政策优惠。

3.2 妥善解决历史遗留问题

建立失独家庭养老服务机制。针对失独家庭的特殊情况，建议在一定范围内建立专门的失独家庭养老机构，除保证其基本生活外，重点开展精神慰藉、心理疏导、健康保健等方面的工作。鼓励慈善组织、民间团体进入失独老人养老领域，及时有效扶助失独家庭，提供政策之外的关怀和帮助。增加针对伤病残计划生育家庭的帮扶内容，如发放伤残子女康复津贴、照料补助，或由政府出面为计划生育特殊家庭购买服务。对就医、养老、意外伤害保险、免费监护等服务工作进行有机整合，根据经济状况和需求情况，对计划生育特殊家庭进行全方位的援助。除此之外，对于已经上环的高龄妇女，应该提供取环服务，并关注其术后并发症的解决方案，妥善处理好计划生育政策的历史遗留问题。

3.3 强化宣传教育

应通过强化宣传教育，做好信息公开及《人口与计划生育法》与地方条例的政策解读，及时调整计划生育工作的思路和方法，让民众正确理解全面两孩政策新的时代内涵，明白政策放宽不等于工作放松，明晰生育政策执行和监督的边界与底线，让政策目标人群明白向违反计划生育政策者征收社会抚养费的合法依据，同时监管部门应将刚性执法与柔性引导相结合，监督执行到位。

全面两孩政策带来了很多新的变化，同时也给基层计生部门和群众带来了很多迷茫，如"新时期计划生育工作该往何处去？是不是应该取消？""全面两孩是不是意味着计划生育工作已经取消？"等问题困扰着基层计生干部和广大群众。为了让基层计生干部和广大群众及时了解新政策，了解新时期计划生育工作的服务本质，消除基层计生干部和广大群众"计划生育政策已经取消"的认识误区，让群众从内心接受计划生育工作内涵的转变，减少全面两孩政策落地实施的阻力，要以实例宣传倡导为主，树立全社会学习的典范，引导全社会形成"一个少了，两个不多"的新型生育理念，从而形成一个良好的生育氛围。

3.4 逐步弱化并取消社会抚养费征收

在当前我国全面两孩政策效果不及预期、新出生人口数量和出生率创新低的背景下，宏观政策的出发点和着力点应逐渐向鼓励自主生育转变，并出台相应的生育支持政策。事实上，近两年已陆续出台一系列政策，如对子女教育支出进行税前抵扣，补齐影响居民生育的托育服务、学前教育等各项公共服务短板，逐步解决居民"不想生"的后顾之忧。在此背景下，继续征收社会抚养费就显得与当前我国所面临的人口结构形势和国家政策鼓励方向相矛盾。为此，建议进一步遵循人口和经济社会发展规律，尊重家庭自主意愿，逐步统一政策执行部门的服务意识，逐步弱化并取消社会抚养费征收，减少因社会抚养费征缴而引发的社会冲突和社会矛盾，推动形成稳定的生育政策预期。

3.5 完善家庭发展支持政策体系

在全面两孩政策下，要充分重视家庭的作用，建立完善支持家庭发展的政策法规体系、工作体系、服务体系和评估体系。应以家庭视角审视、制定和完善相关的法律法规和政策，凡是制定相关法律法规和政策，必须充分考虑和评估对家庭的影响。同时，可在适当的时候考虑将散见于《婚姻法》《妇女权益保障法》《未成年人保护法》的有关内容整合起来，制定专门的婚姻家庭法，对婚姻家庭强化法律和政策保护。建议政府改变过去由家庭自身承担主要社会责任的政策理念，树立公民责任和权利相结合、社会福利普惠的新型政策理念，逐步建立和健全具有中国特色的家庭政策体系。在社会转型期，由于人口流动、离异等现象增多，单亲家庭、留守家庭、零就业家庭增加，因此应加大对单亲、留守、零就业、孤残等特困家庭的政策支持和针对性帮扶。各级政府应建立综合管理家庭事务的部门或家庭政策协调机制，并给予财政支持和人力资源保证，从而形成自上而下的全国性家庭事务综合管理工作网络。应对老人、儿童、病残者以及其他需要帮助的人群提供服务，建立法律咨询、婚姻咨询、家庭教育、家庭人际关系调适等专业队伍，帮助解决家庭困难，满足各类家庭的不同需求。还要建立系统的关于我国家庭和儿童福祉的数据统计体系，以及可与国际接轨的家庭幸福测量指标体系，以利于横向和纵向比较。

参考文献

［1］CAI Y. China's new demographic reality：learning from the 2010 census［J］. Population and development review，2013，39（3）：371-396.

［2］2016全国两会国家卫计委李斌主任答记者问［EB/OL］. 人民网，2016-03-08.

［3］陈蓉，顾宝昌. 上海市生育意愿30年的演变历程［J］. 人口与社会，2014（1）：49-54.

［4］傅崇辉. 流动人口管理模式的回顾与思考——以深圳市为例［J］. 中国人口科学，2008（5）：81-96.

［5］郭悦. 中国全面放开二孩政策 生与不生民众反应各异［EB/OL］. 中青在线，2015-11-07.

［6］廖昕宇，罗阳. 国内流动人口计划生育公共服务均等化研究综述［J］. 西北人口，2015（2）：108-111.

［7］马小红. 趋同的城乡生育意愿对生育政策调整的启示——基于北京市城乡独生子女生育意愿的比较研究［J］. 人口与发展，2011（6）：80-85.

［8］彭希哲，胡湛. 当代中国家庭变迁与家庭政策重构［J］. 中国社会科学，2015（12）：113-132.

［9］宋健. 二孩政策的地方条例与地区差异［EB/OL］. 东北新闻网，2016-05-06.

［10］汪雁，慈勤英. 对生育观转变的标志的反思［J］. 人口学刊，2001（2）：53-57.

［11］王涤，顾宝昌. 基层计生干部的困惑与心声调查［J］. 人民论坛，2012（7）：9-11.

［12］王广州，张丽萍. 到底能生多少孩子？——中国人的政策生育潜力估计［J］. 社会学研究，2012（5）：119-140.

［13］王羚. 聚焦人口新常态 学者呼吁加快放开全面二胎［EB/OL］. 一财网，2014-12-19.

[14] 王羚.少子化拉响警报：中国人口或自2017年迅速下降[N].第一财经日报, 2015-09-28.

[15] 王钦池.出生人口性别比周期性波动研究——兼论中国出生人口性别比的变化趋势[J].人口学刊, 2012（3）：3-11.

[16] 信莲.外媒：中国单独两孩政策遇冷 人口形势紧迫[N/OL].中国日报, 2015-07-16.

[17] 杨菊华."普二新政"下出生性别比综合治理的挑战及其应对[J].探索, 2016（1）：72-80.

[18] 杨昕.低生育水平国家或地区鼓励生育的社会政策及对我国的启示[J].西北人口, 2016（1）：7-12.

[19] 余秀兰.女性就业：政策保护与现实歧视的困境及出路[J].山东社会科学, 2014（3）：48-53.

[20] 张婷.全国近百万对夫妇申请"单独两孩"[EB/OL].新京报网, 2015-01-13.

[21] 浙江卫生和计划生育委员会.宁波启动第二轮家庭医生签约[EB/OL].浙江在线, 2016-05-25.

[22] 中共中央 国务院关于实施全面两孩政策 改革完善计划生育服务管理的决定[N].人民日报, 2016-01-06.

专项报告

全面两孩政策的隐忧与对策

习近平总书记指出，人口问题始终是我国面临的全局性、长期性、战略性问题。全面实施一对夫妇可生育两个孩子政策，是促进人口长期均衡发展的重要举措，也是关系亿万家庭幸福的重大决策。为了深入了解全面两孩政策的落实情况以及配套改革进展情况，我们特地选取了东部和中西部地区人口大省——山东和湖南开展了实地调研。

受单独两孩政策等叠加因素的影响，全面两孩政策落地以来，育龄妇女的生育意愿短期内走强，但反弹效应的强度难以长期维系。一方面，育龄妇女总量持续下降，出生人口中一孩数量的减少部分抵消了二孩的增长。如湖南省2016年度出生一孩减少3.4万人，二孩增加8.7万人。另一方面，当前生育二孩的主体人群为已生育一孩的70后女性，其生育能力更低，生育压力更大，积累的生育需求短期集中释放后回升乏力。同时，我们在调研中发现，全面两孩政策在实施中并非一帆风顺，而是面临着公共服务"担忧"和社会稳定"隐患"双重严峻考验，迫切要求各有关部门和各地以现实问题为导向，切实完善相关配套政策。

1 积累需求集中释放、新旧政策衔接不畅带来公共服务与社会稳定双重严峻考验

隐忧1：妇幼保健服务需求激增，存在结构性紧缺问题

在单独两孩政策和全面两孩政策叠加下积累的再生育需求将在近几年内集中释放，短期内对妇幼保健等卫生计生服务资源的需求急剧增加，大城市一床难求的局面已经出现。

在妇幼医疗机构方面，床位供需总量大体平衡，但结构性矛盾突出。

调研情况显示，近年来随着妇幼保健机构的新建和改扩建，医疗机构的床位数在总量上基本可以满足增长的需求，但城市资源尤其是优质资源紧缺。以湖南省为例，当前约90%的孕产妇选择在县级以上医疗机构分娩（其中，约65%在县级，约25%在省、市级），选择乡镇卫生院分娩的仅占10%左右，供给和需求在空间结构上错配明显。

在产科医护人才队伍方面，一是出生人口快速增长，医护人才需求增多；二是医护人员女性占比较大，行业内部生育需求增加也降低了人力资源供给，产科和儿科医师、助产士等人才短缺问题明显。

在服务能力方面，生育人群中高龄孕产妇显著增多，对妇幼保健医疗服务能力的要求更高。如山东省育龄妇女中35岁及以上的人数占22.7%，符合全面两孩政策的目标人群中40岁以上的占一半的比例。在高龄、高危孕产妇增多的形势下，母婴安全风险和出生缺陷发生风险加大，医疗服务水平和急救能力面临挑战。

隐忧2：公共教育需求倒U形反转，资源合理配置面临挑战

随着生育政策调整，短期积聚的生育需求集中释放将引发生育小高峰，推动"十三五"乃至"十四五"期间对幼儿园、中小学等教育资源的需求快速增长，教育资源在一段时期内将相对紧张。但受人口老龄化的影响，长期来看，学龄人口将呈下降趋势。据预测，2025年之后，全国义务教育阶段的学龄人口将稳中趋降，并呈现持续下滑趋势。因此，公共教育资源调整面临挑战，既要有效满足短期内快速增长的入学需求，又要防止学龄人口下滑后的资源空置浪费。例如，根据山东省的预测，随着全面两孩政策的实施，幼儿园在园数将在2021年达到峰值，比2015年增加70%，之后缓慢下降。湖南省也存在同样的情形。

隐忧3：生育保险压力加大，缺口风险有待防范

一是延长生育假期间的工资福利难以落实。修订的《人口与计划生育法》明确提出符合政策生育子女的夫妻可以获得延长生育假的奖励，各地在全面两孩政策落实中也设计了生育假期延长办法，如《山东省人口与计

划生育条例》在国家规定的产假外增加了60天产假，并给予男方7天护理假。但在实际执行中，一些地方规定新增加的产假期间的工资福利等由用人单位支付，一些地方则没有明确规定具体的支付渠道，这导致生育二孩的女职工产假期间的待遇难以真正落实。

二是生育保险基金收支平衡压力加大。根据人力资源社会保障部、财政部联合印发的《关于适当降低生育保险费率的通知》，从2015年10月1日起，生育保险费率下调至0.5%。生育保险费率下调后，生育保险基金收入有所减少，而全面两孩政策实施后职工生育人数明显增多，基金支出显著提升。在收支两方面因素的作用下，部分地区的生育保险基金已出现当期收不抵支的情况，制度运行缺口风险增大。例如，湖南省本级、长沙市、岳阳市等已出现当期赤字。

隐忧4：政策遗留问题尚待破解，过渡期维稳压力凸显

全面两孩政策实施之后，如何对待处理过去积极响应独生子女生育政策的特殊家庭和特殊人员等政策遗留问题尚待破解，部分人群成为政策出台以来新的上访户，尤其是过去计划生育政策实施严格的地区，人口老龄化情况更为严重，地方财政投入更多，"还账"压力更大，面临的维稳压力也更重。

一是失独家庭等困难家庭需要特别关爱。超百万的失独家庭老无所依，尽管对其有一定的扶助补助，但在养老照料、精神慰藉等方面还缺乏有针对性的保障服务。

二是社会抚养费征收的历史遗留问题亟待解决。全面两孩政策落地以来，对于是否向过去违反生育政策的人群继续征收社会抚养费、如何征收等问题，执法部门无所适从。政策调整后征收的阻力进一步加大，但如果不征收则会出现"不执行政策的反而没被处罚"的现象，引发已征缴群体的不满。

三是乡村计生专干的待遇需要落到实处。生育政策调整以来，过去在乡村从事计生工作的专干不被理解，感觉"灰溜溜""灰头土脸"，且不满于退休后既不享受村干部待遇，也不能像村医一样享受补贴，当前已成为一些地方上访的重要人群。

2 完善配套政策，让有二孩生育需求的家庭"敢生、能生、生好"

正解1：加强妇幼保健服务，提高出生人口素质

一是加强妇幼保健服务体系与能力建设。优化妇幼保健服务资源布局，加大对基层妇幼保健服务的宣传力度，提升群众知晓率和认可度。加强产科和儿科医师、助产士等急需紧缺人才的培养和培训工作，在薪酬分配、职称晋升等方面向产科、儿科倾斜，提升医护人员的服务能力和服务水平。推进医疗联合体建设，利用信息化技术远程医疗等手段，将优质资源下沉到基层。

二是加强出生缺陷防范。针对全面两孩政策实施后高龄和高危产妇剧增、出生缺陷发生风险增加等情况，加大出生缺陷防治、科学备孕、优生健康检查、孕产期保健、产前检查等健康知识宣传。

正解2：完善家庭支持政策，消除后顾之忧

一是科学匹配公共教育资源。在相关规划制定和政策调整中充分考虑生育政策调整带来的出生人口变化因素，科学布局幼儿照料、学前教育、中小学教育资源。

二是政府和工作单位共同营造良好的社会氛围。鼓励对生育困难的家庭提供免费爱心助孕服务。推进工作场所哺乳设施建设。

三是推进医保合并，落实延长生育假制度。推进生育保险和基本医疗保险合并，整合经办资源，提高基金使用效率和抗风险能力，切实保障生育二孩女职工的产假津贴待遇。

正解3：关注重点人群，妥善解决遗留问题

一要加大特殊家庭扶助力度。对失独家庭、独生子女伤残家庭、计生手术并发症家庭等计生政策特殊困难家庭加大扶助关怀力度，在生活照料、养老保障、大病治疗、精神慰藉等方面给予政策倾斜。

二要淡化并逐渐取消社会抚养费征收。统一政策执行部门的观念，淡化和弱化社会抚养费征收，中长期内逐渐取消社会抚养费制度，形成稳定的生育政策预期，减少因社会抚养费征缴而引发的社会冲突和社会矛盾。

三要做好农村计生专干的奖励补贴工作。要特别关爱农村计生专干，对于连续担任农村村级计生专干10年以上的，在其年满60周岁以后，给予一定额度的奖励补贴。

生育、医疗"两保合并"的风险与对策
——"两孩""医改""降成本"政策叠加效应分析

在全面两孩政策下,新生儿出现阶段性增长高峰,各地为了促进生育普遍延长了生育津贴支付时限,拓宽了基金范围,使怀孕、分娩和哺乳期妇女享有更高标准的生育保障,但也增加了基金支付负担。另外,社保降费率政策和医疗卫生体系改革产生的政策外溢效应,对生育保险制度平稳运行造成了不可忽视的压力,使"两保合并"蕴含一定的财务失衡风险。

1 全面两孩政策及其配套改革带来生育保险支付结构变化,明显推高生育保险基金支出规模

一是生育率水平和生育结构变化推动政策内生育数量增加,带来生育保险基金支出同步增长。课题组调研发现,全面两孩政策带来了积极的生育促进效应,生育意愿明显回升,生育人数有所增加。例如,山东省2016年1—11月出生人数同比增长38.2%,其中二孩占比达到60.6%;湖南省2016年出生人数达到104.8万人左右,同比增长8.49%,其中二孩占比为56.0%。根据原国家卫生计生委预测,随着全面两孩政策实施效果更加充分显现,新生儿出生将在未来几年持续处于增长态势,预计"十三五"时期总和生育率在1.8左右波动。同时,城镇新生儿多于农村新生儿,如湖南省新生二孩中城镇二孩占比达到60%以上。而生育保险制度主要覆盖城镇职工群体,新生儿结构发生的变化意味着生育保险政策内生育人数增加。综合考虑两孩政策红利期内生育数量增长和结构变动两方面的作用,预计生育保险基金的孕产检查、分娩和生育津贴等支出将较当前增加15~20个百分点。

二是各地所采取的鼓励生育配套政策改变了生育保险制度的待遇确定结构,制度承担了更多的支付责任。为了鼓励和支持符合条件的育龄夫妇

生育第二个孩子，2015年12月我国修改了《人口与计划生育法》，各地以此为依据调整了产假期限，将原来的生育奖励假期作为法定产假统一安排，调增幅度普遍在30~60天。从调研中发现，虽然部分地区关于新增产假部分是否需要由生育保险基金给付生育津贴以及承担保险支出责任还存在讨论，但考虑到《社会保险法》已明确生育保险制度在孕产脱岗期间提供经济补偿的法定责任，且缺少其他可行的替代支付渠道，因此生育保险基金生育津贴支付期限和支付数量将同比增加，人均生育保险支出成本将快速增长。经测算，各省（区、市）的人均生育保险支出成本增幅普遍在20%以上，个别地区甚至超过了60%，加权平均增幅为33.4%（见表1）。

表1 各地区人均生育保险支出成本变动测算

地区	产假调整（天）	人均支出增幅（%）	地区	产假调整（天）	人均支出增幅（%）
北京	98/128	24.0	天津	98/128	22.4
河北	98/158	43.5	山西	98/158	43.7
内蒙古	98/158	45.0	辽宁	98/158	43.1
吉林	98/158	43.7	黑龙江	98/180	58.9
上海	98/128	23.0	江苏	98/128	22.6
浙江	98/128	21.0	安徽	98/158	44.5
福建	98/158	45.0	江西	98/158	43.5
山东	98/158	45.2	河南	98/158	42.1
湖北	98/128	22.2	湖南	98/158	43.9
广东	98/178	62.1	广西	98/148	36.7
海南	98/158	45.0	重庆	98/128	22.8
四川	98/158	43.4	贵州	98/158	45.5
云南	98/158	44.5	陕西	98/158	44.5
甘肃	98/180	44.4	青海	98/158	45.7
宁夏	98/158	45.6	加权平均	—	33.4

注：截至2016年底，新疆、西藏尚未修改《人口与计划生育条例》。

2 "医改""两保合并""降成本"等多重政策效应叠加外溢，进一步放大了生育保险基金的财务风险，基金处于收支拐点

一是深化医疗卫生体制改革推动医疗卫生机构偿付机制转换，倒逼生育医疗技术服务价格上行。2016年12月国务院印发的《"十三五"深化医药卫生体制改革规划》重申了"建立科学合理的补偿机制"的改革要求，相关职能部门也明确了2017年全部城市公立医院取消药品加成政策，长期以来以药品收入作为医疗卫生机构技术服务补偿的不合理利益偿付链被彻底斩断。为使医疗卫生机构偿付渠道顺利转变，药品零加成政策联动技术服务价格调整，推动以药养医逐步向以技养医过渡。生育保险所覆盖的孕产检查、分娩等技术服务均实施按病种付费办法，偿付机制变化后，机构开展相关服务的成本也会随之增长。为不加重参保人员的负担，需要对生育保险基金的病种支付标准做出相应调整。经初步测算，在保持现有报销比例的前提下，生育技术服务价格调整将使人均生育保险支出成本增加18%左右。

二是"两保合并"所带来的"扩面"红利被育龄参保人员的增加冲抵，新"扩面"参保人员待遇给付压力加大。当前，与职工基本医疗保险制度相比，生育保险制度存在较大的参保缺口。一方面，灵活就业人员普遍没有加入生育保险，参保率仅为2.7%；另一方面，大部分地区对于农民工仅强制执行"三险"，农村户籍劳动者在与用人单位协商一致的情况下可以不参保生育和失业保险。"两保合并"实施会使生育保险按照参保职工全口径扩大覆盖面，按照职工基本医疗保险参保口径套算，可以新增参保人员约4500万人，覆盖率增长约22%。"扩面"虽然增加了参保人数并增加了制度收入，但考虑到新参保人员以农民工群体为主，其平均年龄为38.6岁，普遍处于育龄阶段，"扩面"红利会因为参保人员对生育基金的刚性需求而受到冲抵。综合考虑两方面的影响，扩大生育保险覆盖面对于生育基金的财务可持续性难以形成显著的改善作用。

三是持续推进的社保减负政策使生育保险筹资收入大幅下降、抗风险能力削弱。当前，降低企业的社会保险费用是供给侧结构性改革"降成本"

的重要发力点之一。2015年11月起，我国下调生育保险费率0.5个百分点，经初步测算，这将使每年生育基金收入减少120亿元以上。受基金收入下行而支出增加的影响，2016年山东省17个地市①中有13个出现基金当期收不抵支的情况，湖南省本级、长沙市、岳阳市等也发生了当期缺口。考虑到"降成本"是供给侧结构性改革的重要内容，且社保费率具有明显的黏性，不宜频繁变动，所以高支付、低筹资将是生育保险基金在全面两孩生育红利释放期的基本约束条件。

四是多策效应累积叠加下，基金将出现阶段性的支大于收，面临系统性财务失衡风险。预测结果表明，在两孩生育反弹效应和基金征缴减少的交互推动下，加上各地生育津贴支付期延长、医疗机构药品零加成等政策的进一步启动，生育保险历史结余资金将快速耗尽，2019年将出现赤字。到"十四五"末期，随着两孩政策生育反弹效应释放结束，制度将逐步恢复平稳运行状态，其间总赤字规模超过1200亿元（见图1）。

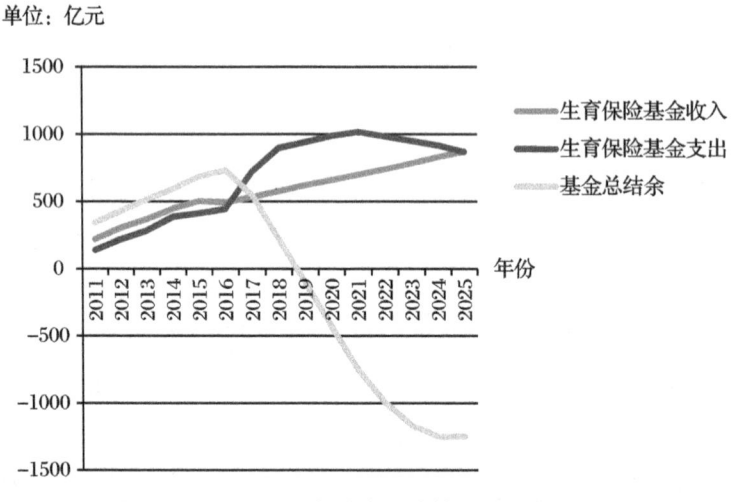

图1　2011—2025年生育保险基金运行情况模拟

---

①　莱芜市于2019年并入济南市。

3 要以稳定运行为核心，以保障待遇为关键，以分项归口为重点，推进职工基本医疗保险和生育保险合并

加强保险基金间盈缺调剂，平衡支出需求是职工基本医疗保险和生育保险合并改革的初衷。当前，职工基本医疗保险已经在139个统筹单位出现收支缺口，且随着制度老化，支出将进一步激增，基金运行面临系统性财务失衡风险。同时，由于全面两孩政策导致生育保险制度环境发生变化，原渠道收入难以覆盖相关项目的支出，生育保险已经不能作为职工基本医疗保险的调剂来源。如果继续坚持简单地把基金统筹归并的改革思路，容易发生"两个窟窿叠加为一个大窟窿"的改革困境。因此，必须对两保合并的改革方式进行适应性调整。要以制度平稳运行为核心，以保障待遇为关键，通过统一管理和风险调剂，降低两项保险制度的运行成本，克服制度环境变化带来的风险因素，并确保职工基本医疗保险和生育保险有序并轨，两项险种基金健康可持续运行，参保人员应保尽保。

一是扩大参保登记范围，形成"大基数"风险池。将城镇正规就业农民工全部纳入生育保险覆盖范围，扩大基金风险池和供款群体，尽力对冲各方面刚性支付增加的影响，增强基金的抗风险能力。考虑到灵活就业人员不能以单位集体参保方式纳入，且要求其中超育龄和已经无生育意愿的人员强制性参保显失公平，所以可遵循"自动叠加，自愿退出"的思路支持他们参保，为有生育意愿的灵活人员提供生育费用分担和孕产期、哺乳期经济代偿。

二是按照"统一征缴，分项归口，调剂管理"的思路，统筹管理医保资金和生育保险基金。为防止医疗卫生体系改革带来的增支外溢效应，减少险种间的交叉补贴，暂不简单采取基金的完全统收统支办法实施"两保合并"，而是在医保和生育保险基金间构建调节机制，利用老龄化"窗口期"平衡生育高峰期的支付压力，提高资金利用效率。根据两项保险制度的运行情况，逐步提高调剂基金的提取比例，并适时把产检、分娩等技术服务项目转移至医保基金报销，通过15年左右的时间实现两项保险制度的完全合并。

三是推动一体化经办，把生育保险业务纳入医保平台管理。生育技术服务与医疗卫生服务同质，开展服务机构基本相同，可由医保经办机构负责生育保险基金支出的报销、稽核等经办服务，并把生育基金支付办法调整纳入医保支付机制改革统筹推进，减少行政流程虚耗，大幅降低管理成本。

四是做好精算评估，提高统筹层次，及时安排财政性补助"补缺口"。借助精算技术科学测算基金在生育高峰期的支付需求和支出结构，重视因生育政策调整带来的生育保障需求自然增长和结构性支出增加，统筹平衡参保人员"扩面"、保障标准提标等多方面的影响。逐步把生育基金统筹层次提高到地市级，扩大基金的风险分担能力。明确财政兜底责任，对出现阶段性赤字的统筹单位由本级财政和上级财政按比例安排补助资金。建立面向中西部地区和东北老工业基地的专项转移支付机制，确保各地基金安全稳定，待遇及时发放。

0~3岁儿童托幼服务发展现状与对策

全面两孩政策的实施，对婴幼儿托幼、教育和社会保障等公共服务体系的完善提出了更高的要求。当前，我国0~3岁的婴幼儿托幼服务严重不足，直接影响到家庭的生育选择和幸福感，也影响到全面两孩政策的实施效果。原国家卫生计生委2016年的调查显示，在不愿生育二孩的母亲中，有60.7%是考虑到孩子无人照料；在有3岁以下孩子的18~45岁城镇女性中，有近1/3因为孩子无人照料而被迫中断就业。因此，构建和完善托幼服务体系已经成为促进人口均衡发展的关键一环。

1 托幼服务的定义和类型

托幼服务概念最早源于西方社会。20世纪50—60年代，西方国家战后婴儿潮一代涌现，传统家庭在照料婴幼儿上越来越力不从心，国家开始承担起家庭照料的重担，社会化托幼服务大量出现，托幼服务的概念应运而生。

1.1 托幼服务的定义

联合国将托幼服务定义为"儿童在家庭以外接受的来自团体或机构的照顾和教育"。但这一定义存在一定的局限性。

从服务提供主体来看，包括家庭式托儿所、社区托幼中心和各类机构式托幼园所（如托儿所、幼稚园托班、有托幼功能的儿童早教机构等）。联合国将托幼主体限定为正式的社会性团体或机构是不全面的，家庭成员外的各类非正式主体也应包括在内。

从服务对象来看，联合国的定义笼统地把儿童全部视为服务对象，没有明确年龄界限。事实上，儿童是一个有年龄跨度的群体，内部存在明显的异质性，不同年龄段儿童的生长发育有不同的特点，需求也存在差异。

从服务内容来看，由于没有明确的年龄标识，联合国将托幼服务内容概括为照顾和教育两方面。其实，不同年龄阶段的幼儿对社会托幼服务的需求会有所侧重。其中，3岁以下婴幼儿通常需要以照料和看护为主的保育服务，而3~6岁幼儿更需要认知、社交以及入学准备等早期教育服务。

综上所述，我们所说的0~3岁婴幼儿托幼服务是一种相对家庭抚育而言的社会托幼服务，即由家庭成员之外的人员或机构为0~3岁婴幼儿提供的照料和教育服务，以及为家庭照料者提供的托幼相关服务。

1.2 托幼服务的类型

家庭抚育是古今中外保持时间最长的抚育方式。20世纪50—60年代，西方社会受工业化、城市化冲击，传统家庭结构、家庭功能发生变化，家庭抚育开始向社会化方向转变，大量提供托幼服务的社会机构出现，托幼服务市场得到了快速发展。进入20世纪80年代，西方国家在福利政策上又有所改变，重新引入家庭视角，更加强调家庭的抚育责任，政府通过制定各项法律、政策支持婴幼儿在家庭中获得全面照顾。

托幼服务机构按照性质可划分为两类：一类为非营利性机构，包括由政府部门承办的机构、由政府与社会力量合办（包括公私合营、公建民营）的机构或由社会力量（包括企业、社会团体、社区、非营利组织）独立承办的机构；另一类为营利性机构，主要由各类市场主体设立，按市场经济原则运营管理。在西方发达国家，市场经济起步早，各类社会组织和公益慈善事业发达，两类性质的机构大量存在，很好地满足了不同阶层家庭的多元化托幼服务需求。

2 我国托幼服务发展现状

在我国，家庭抚育一直占据主导地位。在我国由传统社会加速向现代社会转型的背景下，虽然家庭功能发生了深刻变化，但家庭抚育仍然发挥了基础性作用。与此同时，社会托幼服务伴随着经济社会转型经历了深刻变迁。

2.1 托幼服务发展的主要历程

中华人民共和国成立后，国家主流意识形态倡导"妇女能顶半边天"，号召广大妇女走出家庭，广泛参与社会劳动。在当时的城镇单位制体制下，单位办的托幼机构化解了大部分城镇双职工家庭的抚育压力，对这一时期的女性平衡家庭和工作发挥了重要作用。

1981年6月，原卫生部妇幼卫生局颁布《三岁前小儿教养大纲（草案）》，提出了托儿所教养的具体任务。这是中华人民共和国成立后首次就0~3岁婴幼儿的具体教养工作做出明确的规定，该文件沿用至今。

1994年12月，原卫生部会同原国家教委在《托儿所、幼儿园卫生保健管理办法》中对托儿所的保健设备和保健人员的资格条件做出明确的规定。总体而言，这一阶段的3岁前婴幼儿早期发展服务更侧重于保育（尤其是城市托儿所），更多的是发挥对女性参与劳动的支持功能；但是，没有涉及农村家庭中3岁前婴幼儿的保育和教育问题。

20世纪90年代后期，随着社会主义市场经济体制逐步确立，单位福利制度逐步退出，原有计划经济时期由政府、企事业单位办的托幼机构日渐瓦解，政府对托幼服务的投入基本终止，针对3岁以下儿童的托幼机构近乎绝迹。虽然早教市场上也有一些私立机构招收3岁以下的婴幼儿，但在服务上偏重早期教育和智力开发，并且由于缺乏有效监管，有些机构在经营管理、服务价格、服务质量上存在较多问题。

21世纪初，随着终身教育体系建设的推进，0~3岁儿童早期潜能开发和早期教养教育重新开始引起关注。2001年5月，国务院印发了《中国儿童发展纲要（2001—2010年）》，第一次提出了要发展针对0~3岁儿童的早期教育，这标志着0~3岁儿童早期教育工作开始进入国家决策议程。2010年5月，《国家中长期教育改革和发展规划纲要（2010—2020年）》在学前教育发展任务中明确要求重视0~3岁婴幼儿教育，这标志着0~3岁婴幼儿教育正式纳入国民教育体系。

为贯彻实施教育纲要，2012年4月教育部办公厅下发《关于开展0-3岁婴幼儿早期教育试点的通知》，确定了在上海市、北京市等14个地区开展试点,这标志着早期教育逐步向整合型的国家公共服务体系转型。从目前上海的实际情况来看,主要是构建以社区为依托、以学前教育机构为中心、全面辐射家庭的0~3岁婴幼儿早期教育指导服务体系,基本构成政府主导、公民办同步发展的学前教育事业格局。

但总体来看,托幼服务发展依然缓慢,托幼服务资源严重短缺。根据原国家卫生计生委2016年的调查,我国80%的0~3岁婴幼儿是由父母、祖父母等家庭成员照料,仅有4.1%的婴幼儿进入托幼机构。随着全面两孩政策的实施、城镇化的推进和家庭功能的弱化,部分已经生育二孩或者犹豫是否生育二孩的家庭面临的第一个难题就是婴幼儿的照顾。托幼服务需求激增和供给严重不足的矛盾,引发了公众和学者的广泛关注,加快托幼服务体系建设变得日益迫切。

2.2 当前存在的主要问题

当前的托幼服务机构主要包括教育部门开办的幼儿园(开设婴班和早教亲子班)、医疗机构附属设立的早教基地、人口计生部门推进的0~3岁科学育儿基地、社会办学的早教机构。其中,政府主导的公益性早期教育资源普遍严重匮乏,在很多地方甚至是空白状态,而民办早教机构同样供给不足,且良莠不齐。总体来看,我国托幼服务主要存在以下几个方面的问题。

(1)0~3岁托幼服务定位不清,责任主体不明。已有的学前教育或是早期教育均忽视了0~3岁托幼服务。从学前抚育的全周期来看,已有政策或是过度关注3~6岁的学前教育(教育部),或是关注孕期和围生期保健(卫生健康委),忽视了重要的中间环节——0~3岁托幼服务。0~3岁托幼服务涉及公安部、卫生健康委、民政部等部门,但是政府文件中没有明确主管部门,使这个阶段的托幼服务处于摇摆地位,责任主体不明确。

(2)相关法律法规缺失,托幼服务发展缺乏有效引导和监管。相关法律法规政策是婴幼儿早期教育发展的依据和整体质量的保证,与政策体系相配套的政府监督和干预是婴幼儿早期教育可持续发展的核心动力。我国目前还缺乏与0~3岁托幼服务相关的政策,适合中国国情的可操作性的法规和项目更是缺失。

（3）城市地区托幼服务公益性不足，社会办学的早教机构困难重重且乱象丛生。目前，城市地区的公共托幼服务资源不断萎缩，教育系统内的幼儿园已基本取消3岁以下的托班服务，而社会力量办学的财力、场所、人员等很难达到教育部、民政部等的社会办学要求，在托幼质量、价格和管理方面问题颇多。另外，目前的托幼机构还没有根据不同年龄、不同收费标准、不同服务内容提供精细化选择服务，这也是阻碍全面两孩政策有效实施的重要因素。

（4）城市托幼服务体系作为重大的民生工程没有实现政策托底，没有突出重点。发达国家和地区的经验表明，托幼服务体系应主要针对弱势家庭儿童，突出公益性。随着全面两孩政策的实施和大量流动儿童随迁入城市，贫困家庭和流动儿童的托幼服务迫切需要政府兜底，以保证起点公平，打破贫困代际循环，缩小社会差距。然而，目前城市一般家庭都很难享受0~3岁公共托幼服务，弱势家庭儿童的优惠更是无从谈起。

（5）以家庭托幼为主，科学育儿的知识较为缺失，政府宣传倡导不足。目前，托幼服务难以满足父母对托幼的需求，客观上常常造成母亲被迫延长产假，中断职业生涯，增加生育的机会成本，这也是全面两孩政策在部分家庭遇冷的重要原因。城市家庭主要还是依靠祖辈来照料3岁以下的婴幼儿，较为缺失科学育儿的知识，同时政府过于宣传优生优育，很少涉及0~3岁科学保教知识的传播，从而对于以家庭托幼为主的婴幼儿的发展产生不利的影响。

3 发达国家托幼服务发展经验

托幼公共服务这一涉及国计民生的问题，在世界上引起各国政府和社会的关注。当前，对托幼公共服务的重视已成为世界性趋势，越来越多的国家将托幼服务作为重要的公共服务内容，将托幼政策视为家庭政策和社会政策的组成部分。发达国家对婴幼儿早期教育的认识早于发展中国家，重点从课程设置、教学内容、教学目标和软硬件设施建设等角度入手，推动早期教育发展。OECD（经济合作与发展组织）国家从2001年开始实施婴幼儿早期教育项目（Early Childhood Education and Care，ECEC），鼓励0~3岁婴幼儿在早期教育中心和早期教育学校接受免费看护和早期教育。联合国教科文组织大力支持该计划，并于2010年举办了第一次国际婴幼儿早教大会，通过题为《莫斯科行动与合作框架：构筑国家财富》的ECEC全球议程，重点从保健、营养、安全、学习等方面促进婴幼儿全面发展。为此，我们对部分发达国家的托幼服务措施和经验进行了总结，以期对我国构建托幼服务体系有所启示。

3.1 欧洲：瑞典和英国

瑞典作为世界上教育比较先进的国家，建立了从幼儿到老年的全程教育体系。在学前教育方面，瑞典被看作是提供 ECEC 服务的世界领导者。2008 年联合国儿童基金会开展的一项由 25 个 OECD 国家参与的调查显示，瑞典是唯一实现了10项指标的国家（UNICEF，2008）。而且，瑞典是唯一着手于保教一体化改革评估的国家。所谓保教一体化，即将看护、教学和培育相结合，关注全面发展。在瑞典，公民有权从1岁起接受早期教育服务，服务由区级政府下辖早期教育机构提供，国家承担80%的费用，仅向家庭收取部分费用。瑞典大致有四种托幼服务：日间照顾中心、幼儿园、开放的学前教育学校、家庭托儿所，其中被广泛利用的是日间照顾中心。

英国是幼儿学校出现最早的国家，十分重视早期教育。1997年，在政府经费支持下开始实施"确保开端项目"（Sure Start）幼儿保育教育改革计划，该计划涵盖医疗保健、儿童保育、早期教育和家庭教育支持四个方面。2008年，出台国家早期教育纲要并纳入英国法律，旨在为5岁以下婴幼儿提供连续发展与学习体系。2013年，出台了幼儿教师计划，旨在对早期教育教师条件做出明确规范。在基本法律与政策保障较为健全、国家课程标准业已形成并实施的基础上，英国选择了以"加强家庭与社区的参与"来促进学前教育质量提升的政策杠杆。近年来，英国学前教育发展改革的重心在于加强家庭和社区的学前教育参与，强化学前保教机构与公共卫生服务等社会机构的合作，为弱势儿童家庭提供支持，以此构建一个由学前教育机构、家庭、社区共同参与，旨在为0~8岁儿童提供综合性服务的网络体系。

3.2 北美洲：美国和加拿大

美国早期教育开展较早且发展良好，建立了完善的法律法规和评价监督体系。20世纪30年代，美国提出0~6岁儿童整体教育计划。1979年美国国会通过了《儿童保育法》，1998年美国教育部推出了平等开端计划，2002年时任美国总统布什签署了《不让一个儿童落后法》。根据这些法律，联邦政府不断增加了对早期教育的投入，保证了早期教育的健康发展。政府和社会的普遍关注、企业的积极参与以及20世纪70年代的婴儿潮等条件，共同促进了美国早教事业的发展。联邦政府以项目资金为纽带，鼓励各州为0~5岁儿童提供优质的学前教育，如各州普遍推广的幼儿园前教育项目主要为儿童提供适应幼儿园教育生活的准备课程。该项目重点培养以下四方面的能力：社交能力、形体能力、情感能力、认知能力（刘小蕊、庞丽娟和莎莉，2007）。全美幼儿教育协会创立于1964年，是美国婴幼儿早期教育发展成熟的重要标志之一。该协会于20世纪80—90年代推进了婴幼儿早期教育标准的制定，发行了《婴幼儿教育研究季刊》杂志，并举办年会促进婴幼儿教育普及。

加拿大早期教育的发展得益于美国，许多加拿大早期教育的老师曾在美国接受培训。加拿大有英语和法语两大语言，各地方政府和早期教育从业者特别重视在婴幼儿早期教育中发展双语教学。加拿大各省的早教体系并不相同，主要分为三类：非营利机构主导型（魁北克省）、公共义务教育扩展型（安大略省）、民办机构政府购买服务型（爱德华王子岛省）。在安大略省，政府利用全省范围内的学校空余教室提供婴幼儿早期教育服务，已有超过50%的义务教育学校开展了早期教育。

3.3 亚洲：日本和韩国

日本的早期教育体系由政府主导，并鼓励多元主体参与。日本政府积极推动早期教育事业发展，其学前经费占教育总支出的比重不断增加。日本政府还鼓励民办的学前教育机构发展，同时对教会、企业和个人办学给予积极的支持。日本60%的幼儿园是私立的，其经费主要依靠社会筹资，缓解了政府公共经费支出的压力。日本从三个方面促进婴幼儿早期教育发展：一是完善婴幼儿早期教育的相关政策法规，如2009年发布了《早教机构行动纲领》，以规范早期教育机构的日常教学和经营行为；二是提高家长的婴幼儿早期教育意识，并加强婴幼儿早期教育投入；三是积极促进幼儿园和托儿所合并，在同一框架下完善了对早期教育机构的监管（邢冬梅，2012）。

韩国在推动性别平等方面做出了非常大的努力且成效显著，其中，1978年出台的《男女雇佣平等法》刺激了女性劳动力就业，进一步激发了家庭对婴幼儿早期教育的需求。

韩国大力发展早期教育，重视发挥政府和社区的力量，针对学前儿童提供早期教育。在韩国，1~5岁儿童在儿童之家接受教育，5~6岁儿童在幼儿园接受学前教育。韩国的早期教育按照时长分为半日制、全日制、时间制和24小时制四种类型。政府对低收入家庭的儿童提供早期教育的学费补助，如2008年政府对平均收入及以下家庭提供15万韩元补助，并计划在2020年覆盖全体适龄儿童家庭（张晶，2014）。2004年，韩国政府出台了《幼儿教育法案》，明确规定幼儿在入学前可以免费享受一年学前教育等。

3.4 经验总结

通过对上述发达国家托幼实践经验进行梳理发现，虽然各个国家的经济发展阶段和社会文化存在差异，但是都对婴幼儿早期教育不断重视和加大投入。主要表现在以下五个方面。一是以完善的法律和政策作为支持。各国在法律体系的基础上出台了相关托幼服务政策，并推动部门间协作，共同促进婴幼儿早期教育发展。二是保障低收入家庭策略与普惠策略共同推进。各国普遍采取了针对低收入和弱势家庭的免费或低收费政策，确保服务公平，并向全体婴幼儿普及托幼教育。三是鼓励和引导民营机构进入托幼市场。在政府监管下，引入市场机制，批准和允许部分私立学前机构进入。政府更多履行公共服务职能，通过政策规定、评估审查、发布信息等方式，营造出良好的市场环境和安全平等的竞争氛围。四是重视全过程。保教一体化已逐步为世界各国所接受，已然成为国际学前教育发展的必然趋势。五是重视托幼教育质量监测与评估。西方主要发达国家都拥有一系列完善的评估机构和评估体系，对学前教育进行全方位监测与评估。

4 促进我国托幼服务发展的对策建议

4.1 加强服务体系顶层设计，完善服务发展长效机制

一是更新发展理念。应在全社会树立托幼服务是公共服务的理念。从《国家中长期教育改革和发展规划纲要（2010—2020年）》（以下简称《教育规划纲要》），《国务院关于当前发展学前教育的若干意见》（以下简称"国十条"）到第一期和第二期学前教育三年行动计划，都体现出国家和政府对社会管理与公共服务理念的重视。今后应进一步将这一理念贯彻到各级政府的社会管理和公共服务体系建设中，引导和调动社会各界正确认识托幼的公共服务性质。

二是强化政府主导责任。2010年以来的相关政策文件和实际行动都体现出政府承担起了托幼事业发展的主体责任。《教育规划纲要》提出"明确政府职责"；"国十条"明确了中央到地方五级政府的相应职责；第一期和第二期学前教育三年行动计划提出"省市统筹，以县为主"，并相对明确了财政部、发展改革委、教育部的职责，第二期三年行动计划还提出"逐步建立起以公共财政投入为主的农村学前教育成本分担机制"。综上可见，各级政府的责任意识增强，发展学前教育成为政府行动，并实现了多级财政投入。但由于长期以来托幼公共服务水平有限，加上全面两孩政策实施将带来学龄前人口增长和托幼需求增长，今后各级政府还需要进一步发挥责任主体作用，加强对托幼事业的整体规划、财政投入和统筹管理。此外，政府各部门以及妇联等社会组织要继续加强协作。

三是适度扩大托幼服务内容。2010年《教育规划纲要》提出既要"基本普及学前教育"，也要重视0~3岁婴幼儿教育，构建早期教育公共服务体系。在全面两孩政策背景下，更需要加强对0~3岁婴幼儿托幼需求的研究，适度扩大面向0~3岁婴幼儿的托幼公共服务，逐步构建0~3岁育儿支持服务

体系。可以以婴幼儿所生活的社区、托幼机构为主要依托,探索政府各部门特别是教育、卫生、社区管理部门以及妇联和托幼机构共同参与的多形式、多类型、灵活多样的普惠性托儿服务,为生育妇女发展创造更好的支持环境。

四是加强规划统筹。首先,推进托幼公共服务的法律体系建设。通过立法手段,使政府部门、社会组织、企业及个人在参与托幼服务时有法可依。其次,统筹规划服务体系建设。在全面两孩政策背景下,对人口政策调整后托幼人口变动趋势和托幼需求进行科学预测和分析,然后在此基础上对规划制定、财政投入、资源配置和布局做出合理安排,做到系统设计、统筹推进,使托幼服务真正做到广覆盖、保基本、有质量、高效率。

4.2 加快服务体系建设,提高服务供给能力

目前,我国面向0~3岁婴幼儿的托儿所、托儿班数量不足,无法满足一些家庭对婴幼儿日间照看的需求,亟须进一步加快托幼服务体系建设。托幼服务体系建设是一项系统工程,从资金来源、证照办理、机构选址、员工培训、收费标准确立、招生运营到多方面规范化管理(包括人力资源、固定资产、安全运营、卫生保健、食品卫生),涉及多个部门和诸多方面。因此,必须提高政策敏感度,从体系设立、资源筹措(包括资金、土地、人员)、项目设计、部门统协、技能培训、服务管理等诸多方面齐头并进。

一是立足社区,营建多样托幼机构。发挥社区力量,整合社区资源,构建并完善社区托幼或托管机制,开展家庭支持项目,就近构筑安全乐园,降低运营成本,减轻家庭的生养负担与压力。同时,鼓励社会资本进入,扩建公私合营及私立托幼机构,改善既有托幼机构的质量,提供多样化和充裕的婴幼儿义务看护和教育服务,推广休息日保育、临时保育、夜间保育等,满足不同层次的育儿、托幼、早教服务需求。

二是立足企业,打造福利性托幼服务。鼓励有条件的大中型企业基于女性员工的年龄结构和两孩生育情况,在获得相关资质的情况下,在企业内开办托幼机构,尤其是接收0~3岁婴幼儿的托儿所,主要解决母亲的哺乳、幼儿无人照料问题。由于不是营利性经营,除安全、卫生等刚性指标

外,这类托幼机构的其他指标可适当放宽。鼓励尚不具备条件的企业与邻近社区合作,共同开办托幼机构,这样可方便接送,减轻双职工家庭的负担。同时,鼓励企业至少提供独立的母婴室和相应设备,营造家庭友好型企业文化。通过促进职业女性"生"与"升"协调发展,实现企业的社会责任,推动女性的工作与家庭平衡。

三是推行"爱同堂"老幼日托服务并举模式。推行"爱同堂"服务模式,让托幼服务寓于养老服务中,降低两类机构的运营成本,实现资源的有效整合,减轻女性抚幼和养老负担,推动工作与家庭协调发展。"爱同堂"服务并举模式以社区为依托,专门为有照看老人和小孩需求的家庭提供白天托管的非营利性服务。从儿童的照护和老年人的心理慰藉来看,托幼与养老服务并举,老幼隔代互动,可强化儿童德育,增强老人的自我认同,共享天伦之乐。老年人亦可继续发挥自身能量与优势,弥补家庭照护资源的不足。

四是推行政府购买服务,实现正规机构照料和非正式家庭照料模式互补。政府可通过购买服务,推广"家属照料型"模式,既可补充正规照料资源的不足,亦可满足家庭多样化的需求。一些拥有非正式照料资源的家庭可能不愿将3岁以下的孩子送到托幼机构,而愿意选择居家照护。家庭抚幼在客观上分担了社会照料责任,减轻了社会照料的负担,节约了社会照料资源,故政府可对提供照料服务的祖辈和亲属给予一定补偿,减轻家庭经济负担,提升家庭照料的积极性,实现家庭生养功能"内化"与"外化"的结合。

参考文献

［1］OECD Starting Strong IV：monitoring quality in early childhood education and care［R］. Paris：OECD Publishing, 2015.

［2］UNICEF. The child care transition：a league table of early childhood education and care in economically advanced countries［R］. Innocenti report card, 2008.

［3］何媛，郝利鹏. 我国当代0~3岁婴幼儿教育政策分析［J］. 广西师范大学学报（哲学社会科学版），2009，45（3）：94-98.

［4］刘小蕊，庞丽娟，莎莉. 美国联邦学前教育投入的特点及其对我国的启示［J］. 学前教育研究，2007（3）：3-9.

［5］刘颖，李晓敏. OECD国家学前教育质量监测系统分析及其对我国的启示［J］. 学前教育研究，2016（3）：3-14.

［6］刘中一. 多措并举 加强0~3岁幼童托育工作［J］. 人口与计划生育，2016（11）：25-26.

［7］孟萍. 0~3岁儿童早教课程的比较研究：以济南市两家早教机构为例［D］. 济南：山东师范大学，2014.

［8］邱白莉. 中美高质量托幼机构评价标准之比较［J］. 早期教育（教师版），2005（12）：8-10.

［9］佘宇，张冰子. 适宜开端：构建0~3婴幼儿早期发展服务体系研究［M］. 北京：中国发展出版社，2016.

［10］石海雨. 美国NAEYC托幼机构认证标准及其对幼儿园评估的启示［D］. 成都：四川师范大学，2012.

［11］史明洁. 新加坡学前教育评审框架及启示［J］. 幼儿教育，2012（9）：47-49.

［12］宋健. 托幼服务相关政策：中国现实与国际经验［J］. 人口与计划生育，2016（11）：23-24.

［13］田茂，王凌皓. 台湾地区托育服务的功能及启示［J］. 现代教育

科学，2017（3）：149-155.

［14］王建梁，黄欢.美国义务教育学校布局调整的百年进程、特点、争论及启示［J］.社会科学战线，2014（8）：208-213.

［15］吴洁.全面二孩政策对经济社会发展的影响分析［J］.新西部，2016（11）：10-11.

［16］邢冬梅.2000年—2010年日本幼儿教育的发展综述［J］.早期教育（教师版），2012（7）：30-32.

［17］徐小妮.0-3岁婴幼儿早期教养指导模式初探——上海市某早期教育指导与服务中心的个案研究［D］.上海：华东师范大学，2006.

［18］杨菊华.健全托幼服务 推动女性工作与家庭平衡［J］.妇女研究论丛，2016（2）：11-14.

［19］翟振武，李龙，陈佳鞠.全面两孩政策对未来中国人口的影响［J］.东岳论丛，2016，37（2）：77-88.

［20］张晶.韩国0-6岁婴幼儿早期教育及其启示［J］.中国教育学刊，2014（1）：86-88.

附录

附录一　全面两孩政策及影响研究综述

1　从生育决策到生育行为：理论的视角

人口学是侧重政策导向研究的学科，长期以来以献计献策为己任。因此，本课题所侧重研究的人口学范畴之内的生育问题，理应以政策导向为主。费孝通先生认为，缺乏理论解释、缺乏对文化模式和社会心态的研究都可谓"见社会不见人"。而本课题却是与"社会人"紧密相关的研究（虽然生育与计划生育是一种个人行为，但是在现代技术和社会条件下，这些行为已不再是"自发"或"随意"的，而是一种经过深思熟虑的决策结果），同时课题组也计划在文献综述之后采用典型个案、参与观察和访谈等方法，在质性层面对目前中国全面两孩政策的政策效应等做一个"证明"。为此，我们将重点梳理与"人"（尤其是"社会人"）的生育意愿、决策及行为相关的理论脉络。

1.1　生育决策理论

1.1.1　微观探索：经济学视野下的生育理论

早期经济学对生育决策的探讨主要是基于理性人假设，将经济变量作为生育决策的主要考虑因素。具体衍生出的理论包括家庭规模的成本-效用理论和子女数量-质量转换理论。最早在经济学领域探讨家庭生育决策的是美国经济学家哈威·莱宾斯坦（Harvey Leibenstein）。他利用边际效用概念提出家庭规模的成本-效用理论，认为孩子效用包括消费效用（从孩子中获得的情感满足）、劳动-经济效用（孩子劳动给家里带来经济收入）以及保险效用（父母未来生活的保障）三部分。但孩子存在负效用，包括孩子的抚养成本和父母的机会成本。在追求效用最大化的原则下，当孩子效用大于负效用时，人们倾向于继续生育，反之则考虑减少生育。随后他进一步考察了收入因素的影响，发现随着家庭收入的增加，家庭地位上升，孩子的边际效用会下降（消费效用不变，劳动-经济效用以及保险效用会降低），这将导致人们做出减少生育的决策。值得注意的是，莱宾斯坦在论述前特意强调该理论解释的是人们最后是否再多要一两个孩子的生育决策过程，即边际生育行为，而非家庭中最初的生育决定（Leibenstein，1974）。

不同于莱宾斯坦，美国著名经济学家及人口学家加里·贝克尔（Gary S. Becker）从消费者需求理论对生育行为进行了考察。贝克尔在研究生育力[①]的决定因素时有一个基本前提，即家庭在经济嗜好不变的情况下，要在有限的收入内尽可能多地满足消费欲望，从而获得家庭经济总效用最大，且消费量越大，总效用也越大。贝克尔认为，子女是耐用消费资料，同时收入具有正效应，即收入增加，家庭中的孩子数量也会增加。但我们却在西方发达国家及中国的现实中发现，一些家庭在收入增加时，孩子数量反而下降。面对理论与现实的矛盾，贝克尔引入孩子质量这一概念，提出了子女数量-质量转换理论。贝克尔认为，相对于数量的子女的影子价格越高（质量不变时增加一个子女的成本），子女的质量越高；反之，子女质量的影子价格（子女数量不变时质量增加一个单位的成本）越高，子女数量就越多（Becker，1960；Becker 和 Lewis，1974）。也就是说，对孩子支出的增加可以提高孩子的质量，父母通过对孩子支出的自由选择，自由地选择了孩子的质量（佟新，2006）。随后，贝克尔（1965）发表了时间分配理论，提出了家庭经济行为理论，在解释生育问题上注意到了母亲。如果母亲有职业收入，那么母亲的时间价格上升，生育的机会成本也增加。其结果就是收入越多的家庭，孩子价格越高，从而选择少生孩子。在这里，决定生育的内在机制不是孩子的质量，而是母亲的质量（佟新，2006）。以贝克尔为代表的生育率经济学分析被称为贝克尔学派或芝加哥学派。

1.1.2　融合尝试：经济学与社会学结合的产物

以上经济学范畴的两大理论体现了在生育决策中孩子数量选择的经济

---

① 生育力在这里等同于出生率。

学理性，但缺乏对社会因素的考虑。美国著名人口经济学家理查德·伊斯特林（Richard A.Easterlin）意识到了这一点，于是结合社会学视角进行了研究。伊斯特林对贝克尔以嗜好不变为基础的家庭生育行为研究结论表示了否定，认为人的嗜好不仅会变化，同时存在差异。收入对生育率的确有着积极作用，但这一作用在于嗜好的转变，而这种消费嗜好会随着家庭相对经济状况的变化而变化。当年轻夫妇的经济条件比父辈好时，会倾向于多生孩子，反之则会考虑减少生育孩子。伊斯特林的这种相对经济状况是基于一个家庭中的两代人而言的，因此，在一定程度上年轻一代的生育愿望或消费嗜好反映了父辈的实际收入（佟新，2006）。随后，在20世纪70年代，伊斯特林进一步综合生育率的经济学和社会学观点研究了不发达国家的生育率，提出生育的供给-需求理论。所谓生育的供给，是指没有采取任何限制家庭规模或节制生育措施的条件下，一个家庭能够养活的孩子数量；生育的需求则指在节育成本是免费或低价的情况下，父母期望的存活孩子数量（Easterlin，1975）。社会经济现代化对生育供给-需求有中介影响，即公共卫生医疗的进步、教育的普及、人口城市化水平的提高、大批新商品的引进以及家庭计划方案的实施在一定程度上会降低父母的生育期望，并通过抑制生育来获得更多的福利（彭松建，1989）。因此，经济发展状况与生育率具有逆相关关系，经济发展会通过改变人们的教育、健康状况以及妇女的地位而作用于生育率（佟新，2006）。相比贝克尔，伊斯特林的这一理论融入了社会因素，也更为人们所接受。

  同样是在20世纪70年代，莱宾斯坦提出了社会性相对收入假说。莱宾斯坦也质疑了贝克尔的嗜好不变的假设，认为孩子并非一般耐用消费资料，在一定阶段后可能会出现边际效用递增的现象。之后，他根据社会中人们不同的社会经济阶层，提出了社会性相对收入假说。莱宾斯坦认为，人可以按照经济地位分成若干个集团，每个集团有某些共同的生活标准和愿望。不同社会地位集团的生育和需求差异受不同集团相对收入差异的影响，同一集团中的生育和需求差异则受内部相对收入差异的影响。对于前者，地位高的集团为了维持其地位需要进行其他财物支出，在收入一定的情况下缩减了对孩子的支出,所以地位高的集团的孩子数量反而会低于地位较低的集团。对于后者,集团内部相对富裕的家庭因为收入较为宽裕,对孩子的需求会增加(大渊宽和森冈仁,1988)。

代际财富流理论是由澳大利亚人口社会学家约翰·考德威尔(John C. Caldwell)提出的。他基于家庭财富转移来考察生育率,认为代际财富流动的方向决定了人们的生育决策。所谓财富,包括金钱、物品、服务、老年生活安全感以及其他社会福利等。当财富的净流动从子女流向父母时,即向上流动,父母生育有利可图,会做出增加生育的决策,这主要发生在人口转型之前的传统社会。而随着现代化社会发展,孩子更渴望从父母那里获得财富,父母生育孩子的支出大于收入,财富流方向向下,由此导致现代社会从高生育率向低生育率转变(Caldwell,1976)。但是,考德威尔的理论并没有太多数据和实证的支持,因而受到不少人的批判。

1.1.3 多元层面:社会学话语下的生育理论

不同于经济学对生育理论的探讨注重理性计算,社会学(家)更多地考虑到文化、风俗、宗教、社会心理等社会因素对人类生育行为的影响。

社会学很早就对人类生育行为进行了研究,早期社会学大家赫伯特·斯宾塞(Herbert Spencer)受达尔文"适者生存"理念的影响,在《人口理论》一书中提出了个体自身生存的能力和生育新个体的能力成反比这一观点(佟新,2006)。随后在19世纪末,法国社会学家和人口学家阿森·杜蒙特(Arsene Dumont)从社会流动视角提出了"社会毛细管"理论。杜蒙特认为,国民有限收入的消费主要分为四部分:个人享受、扩大生产、用于无所事事以及养育子女,要增加前三种消费势必需要减少最后一种消费。因此,他认同斯宾塞的观点,即一个人发展的需要与人种延续的需要成反比。而强调个人主义的现代人都有提高社会地位、实现向上流动的渴望,因此个人为了自身发展,就会控制生育。杜蒙特认为,当时法国社会人口停滞发展就是"社会毛细管"作用的结果(佟新,2006)。列思泰赫(R. Lesthaeghe)等(1988)在解释生育变化时提到了文化扩散理论。他们认为人们的生育决策并不仅仅取决于社会经济地位，也可能受到其他地区或国家的文化观念的影响。生育变化和生育意愿的转变，往往是通过发展中国家向发达国家文化模仿、社会经济地位低的向社会经济地位高的模仿实现的。当然，人类学家弗里德曼、费孝通等也都撰写过关于社会与生育文化的文章，这里不一一展开论述。

1.2 生育意愿与生育行为理论

生育意愿译自"Fertility Desire"一词，是人们生育观念的直接体现和集中代表（风笑天和张青松，2002）。它与观念范畴的生育偏好（Fertility Preferences）、理想的子女数（Ideal Number of Children）较为相近（杨菊华，2011）。因此，国内学者在研究生育意愿时基本从理想子女数量、性别偏好以及生育时间这些内容来考察（顾宝昌，1992；姚从容、吴帆和李建民，2010；郑真真，2011）。郑真真（2011）更具体地将生育意愿解释为个人或家庭出于对子女的偏好、考虑到各种限制条件后的生育愿望表达。Udry（1983）认为，生育意愿的选择具体可分为同步模式（One-Decision）与序次模式（Sequential-Decision）。前者指一个家庭在结婚时就确定好生育计划，不受周围环境影响，努力实现目标；后者则表示生育是一个不确定事件，受到婚姻和先前生育中诸多因素的影响，一个家庭会在权衡利弊后再做出生育意愿的选择。序次模式因为更为成熟和复杂，也为更多的研究者所使用（杨菊华，2008）。

早期学者往往将生育意愿与生育行为等同起来进行研究，但在现实生活中，人们逐渐发现即使做出了生育意愿的选择，生育行为也并不一定同步发生。Miller（2011）在20世纪90年代的生育研究中认为妇女生育是一个从意愿到行为逐步决策和转换的过程，并由此提出了TDIB（Traits-Desires-Intentions-Behaviour）模型，即生育动机→生育意愿→生育计划→生育行为。因此，从生育意愿到生育行为的实现有一个过程，中间会受到生育计划的影响。约翰·邦加茨（John Bongaarts）在观察了发达国家和部分亚洲国家的生育意愿与生育水平后认为，生育意愿是生育行为的重要影响因素，但实际生育行为与生育意愿的偏离已是不争的事实（Bongaarts，

2001)。他提出了一套解释理论：实际生育水平高于生育意愿的因素包括非自愿生育、替代孩子死亡的生育以及性别偏好；实际生育水平低于生育意愿的因素包括生育年龄提高、非自愿不孕不育以及竞争性偏好。在人口转型前的传统社会，主要受前三个因素的影响，导致实际生育水平高于生育意愿，而在人口转型后的现代社会中，受后三个因素的抑制影响，往往会造成实际生育水平低于生育意愿（Bongaarts，2001）。

目前，国内不少学者针对生育意愿与生育行为的差异进行了实证研究，基本都证实了中国存在这两者之间的差异，并且验证了邦加茨所说的六个因素对生育意愿与生育行为的差异有显著影响（杨菊华，2008；茅倬彦，2009；宋健和陈芳，2010；陈卫和靳永爱，2011；王军和王广州，2016）。

1.3 低生育率陷阱

当然，谈到人口学范畴内与生育相关的理论时，不得不谈及20世纪70年代末以来在欧洲持续出现的低生育率和极低生育率人口现象，正是此现象引起了欧洲人口学家的关注，他们对此提出了一系列理论和假说进行解释。"低生育率陷阱"是奥地利人口学家沃尔夫冈·鲁兹（Wolfgang Lutz）提出的一个著名人口学假说。其核心内容是，人口出生率一旦下降到很低的水平，如低于1.5时，低生育率就会一直持续，很难逆转（Lutz和Skirbekk，2005）。

映照于当下的中国，吴帆（2016）认为，即使目前还不能做出中国已经落入低生育率陷阱的判断，但是至少可以说已经进入了高风险期。虽然全面两孩政策可以带来生育率的回升，但是这个政策效应不会持续很久，当补偿性效应消退之后，生育率很可能进一步下降。要实现人口的长期均衡发展，生育率必须回升到更替水平，这应该成为政策的重点。欧洲国家陷入极低生育率的前车之鉴和一些国家通过家庭政策刺激生育率回升的成功经验，都值得中国参考。中国应该以全面两孩政策为契机，以减轻家庭育儿成本、提高儿童发展水平、促进社会性别平等为核心，积极构建家庭友好型的制度环境，实现人口的长期均衡发展。

然而，也有中国学者对此提出了不同观点，他们指出低生育率陷阱理论是在欧洲及东亚一些国家和地区生育率持续下降并长期处于很低水平的背景下提出的，但是近年来世界范围内生育率普遍回升的现象直接挑战了该结论和假设。低生育率陷阱可能只是对短期内生育率现象的总结，还不能得到长期事实的验证，可能不能上升到规律的高度（陈卫，2016；靳永爱，2014）。陈卫（2016）还认为，在全球视野下，性别失衡、高生育率等现象远比极低生育率现象更为长久，低生育率陷阱作为一种理论或规律，充满了不确定性，缺乏科学性，而中国处于低生育率陷阱之中的观点也是缺乏说服力的。

2 全面两孩政策对人口变动的影响研究

在中国，关于生育政策进一步调整与完善的讨论并非始于近几年。20世纪末，多次人口抽样调查、专项调查（如生育意愿专项调查）或者人口普查的数据都显示中国已经进入低生育水平时代。虽然对于中国是否进入上文所谈及的低生育率陷阱还有诸多争议，但是出于对中国人口未来发展的担忧，近十余年学术界关于人口生育政策的改革呼声一直不断（陈友华和胡小武，2011）。从最初的"只生一个"到"双独二孩"，再到"单独二孩"，以及目前的"全面二孩"，可以看出我国改善人口结构的紧迫性。

关于计划生育政策的评价

关于计划生育政策的评价，向来有不同的观点。一种观点认为，经过40多年的努力，人口过快增长的势头得到有效控制，资源、环境压力有效缓解，妇女和儿童发展状况极大改善，人口素质明显提高，促进了经济快速发展和社会进步，为全面建成小康社会奠定了坚实基础，也为世界人口发展和减贫做出了重大贡献。但也有学者反思计划生育的初衷，认为计划生育既没有达到最初设立的控制我国人口在12

亿人以内的目标，又造成了极大的社会不稳定，导致了性别选择、高速老龄化、劳动力短缺、经济增长下滑或停滞等问题（Wang、Cai 和 Gu，2012）。多数学者则持折中的观点，认为计划生育在有效地控制了总和生育率、人口增殖的同时，也使我国付出了一定的社会成本（徐俊，2014）。计划生育政策的负面效应主要体现在生育率快速下降、出生性别比失衡、老龄化加速、劳动力结构老化以及家庭发展能力不足等方面（翟振武、张现苓和靳永爱，2014；风笑天，2014；左学金，2006）。

计划生育政策直接导致生育率下降是较为广泛接受的观点，但也存在不同的研究结论。Cai（2010）利用浙江和江苏地区 2000 年的数据实证分析发现，导致中国生育水平低于更替生育率的关键因素是全球化背景下社会经济的发展，而不是计划生育因素。Chen、Retherford 和 Choe（2009）对广东省 1975—2005 年的人口、经济等数据分析发现，虽然计划生育确实在抑制广东省的人口增长上起到了显著的作用，但自 1990 年以后，影响广东省人口增长的主要因素已经转变为社会经济因素。有学者在我国农村地区研究发现，即使是农村，单纯用计划生育抑制生育意愿的观点似乎也是不正确的（Basten 和 Jiang，2015）。

随着生育率长期处于较低水平，计划生育政策可能已经不是导致目前人口下降的最关键因素。有的学者进一步提出，我国经济已从短缺转向相对过剩，经济增长模式也从供给推动转向需求拉动，人口增长将有利于增加消费需求和总需求，从而增加对劳动力的需求（左学金，2006）。在出生性别比方面，计划生育政策的影响较为显著，并且有走强的趋势。生育水平下降、出生人口减少，在微观层面的直接影响就是家庭规模小型化，独生子女和独生子女家庭逐渐增多，从而导致家庭发展能力不足，带来更多空巢现象，推高独生子女家庭风险。

2.1 人口预测方法与数据

翟振武、李龙和陈佳鞠（2016）为测定全面两孩政策对未来中国人口的影响，根据2014年全国1/‰人口变动抽样调查数据，按照分人群要素回推预测方法，基于分年龄的全面两孩政策目标人群、分年龄的目标人群二孩生育比例和目标人群二孩生育的时间分布三个重要参数，采取分城乡进行测算的方法，对生育势能释放期的总和生育率进行了测算与估计，并推估了总人口、少儿人口和劳动年龄人口规模及人口老龄化程度。黄匡时和张许颖（2016）通过年龄别移算和年龄别相关参数测算等方法进一步降低估算偏差，推算了2010—2020年全国和分城乡户籍的双非夫妇对数，并根据中国人口与发展研究中心2014年的生育意愿调查结果，通过年龄别调整后得到全国和分城乡的双非夫妇的二孩生育意愿，从而推算出全国新增二孩出生总量及其对人口结构的影响。王广州（2016）的研究以年龄-孩次递进预测模型为基础，采用区间参数设置的方法，消除使用固定参数方法可能出现的人为连续加大或缩小的弊端，在递进生育水平、生育模式和预期寿命等假设下，对全面两孩政策影响下的出生人口规模、总和生育率和总人口进行了推估。杨舸（2016）假定2016—2050年一直维持全面两孩政策或单独两孩政策，采用第六次人口普查公布的人口性别年龄结构、生育模式和死亡模式等基础数据，并采用队列要素法进行了人口预测。王军、王广州、高凌斐等（2016）使用2010年全国人口普查数据、2010—2013年公安户籍登记数据和2010—2012年住院分娩数据三种数据，对中国出生性别比真实水平和近年变化形势进行了评估。

2.2 全面两孩政策下对总人口规模的预测分析

翟振武、李龙和陈佳鞠（2016）认为，在全面两孩政策下，总人口规模的峰值将在2028年前后出现，约为14.50亿人。此后，总人口的下降相对较为平缓，到2050年时，约为13.83亿人（见图1）。

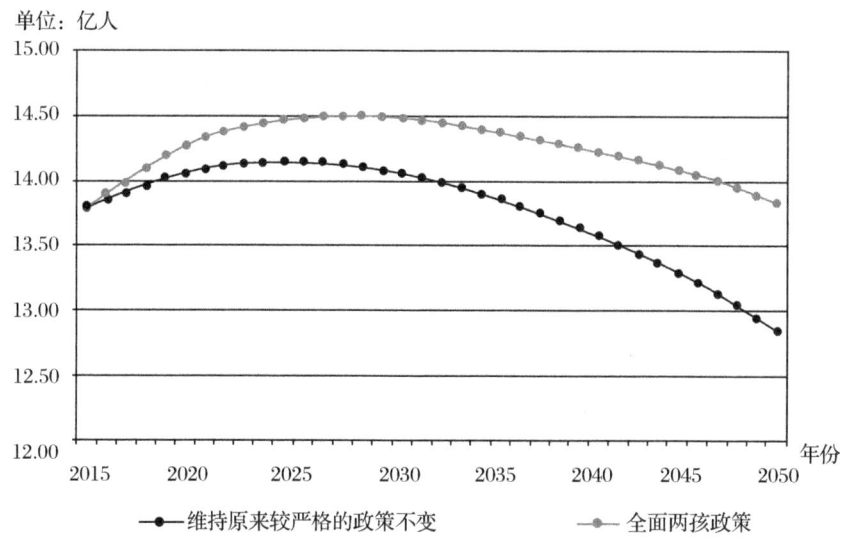

图1 人口总量在不同生育政策下的变动趋势（2015—2050年）

资料来源：翟振武，李龙，陈佳鞠.全面两孩政策对未来中国人口的影响[J].东岳论丛，2016（2）：77-88.

黄匡时和张许颖（2016）运用基于年龄移算法的多参数组合测算法计算得出，未来总人口峰值年份为2028年（见图2），人口总量峰值为14.504亿人，即生育政策调整后，总人口峰值年份推迟2年，增加2470多万人。

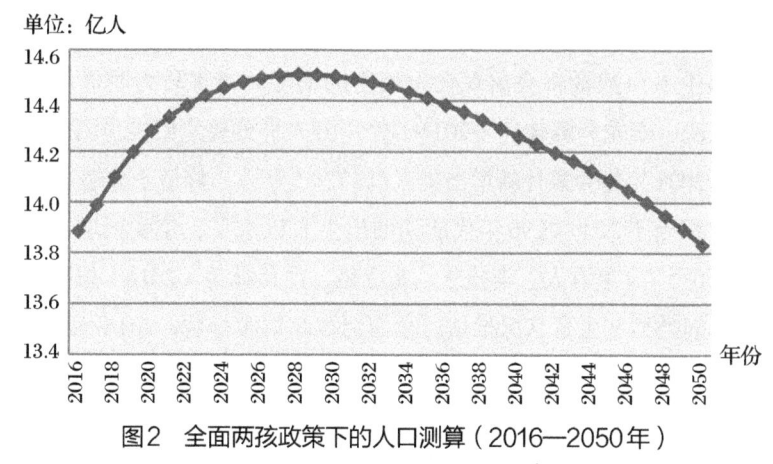

图2 全面两孩政策下的人口测算（2016—2050年）

资料来源：黄匡时，张许颖."全面两孩"政策目标人群及其出生人口测算研究[J].福建行政学院学报，2016（4）：97-103.

王广州（2016）认为，全面两孩政策实施后，中国人口高峰预计将在2028年左右出现，人口总量峰值在14.2亿~14.5亿人，且生育水平在更替水平以内的可能性比较大。李桂芝、崔红艳、严伏林等（2016）则认为，全面两孩政策实施后的3年内，总和生育率略高（在2左右），此后会稳定在1.8左右，全国总人口2020年预计为14.18亿人，2029年将达到峰值14.45亿人。与维持单独两孩政策相比，总人口峰值相差约2200万人，到达时间约推后3年。

通过比较以上数据不难发现，诸位学者基于各自不同的预测方法对全面两孩政策施行后中国人口规模峰值出现的时间点及总人口数量的预测基本趋于一致。人口规模峰值出现时间点约在2028年，较生育政策调整前推迟2年，而届时全国总人口数较生育政策调整前增加约2000万人。以上变动可归结为二孩累积效应的集中释放，其一方面会小幅度拔高中国总人口规模的峰值，另一方面能在一定程度上推迟中国人口拐点的到来。人口结构的调整对于社会发展所起到的作用具有复杂性及多维性，因此此时尚不能断言全面两孩政策带来的以上改变对中国经济社会发展究竟会产生何种利弊，但上述预测能够为今后一段时期内相关政策的制定及完善提供指引。

2.3　全面两孩政策下对新增出生人口及性别比的预测分析

全面两孩政策施行之后，在单独两孩政策和全面两孩政策的叠加效应下，出生人口数量将会出现较大幅度的增加，带来较为明显的出生堆积。翟振武、李龙和陈佳鞠（2016）使用分人群分要素回推预测方法，认为2017—2021年将会累计新增出生人口1719.5万人，峰值不会超过2300万人，大致相当于20世纪90年代前期的出生人口水平，年度新增出生人口数量为160万~470万人。李桂芝、崔红艳、严伏林等（2016）根据当前中国育龄夫妇类型和生育状况推估，全面两孩政策实行后，2016—2018年出生人数将在2000万~2300万人，出生人口最多的年份为2017年（2306万人），总和生育率在2左右。黄匡时和张许颖（2016）使用基于年龄移算法的多参数组合测算法得出结论：全面两孩政策实行后，新增二孩人数将为1720万人（这些二孩会在政策出台后的不同年份陆续出生）。考虑到生育意愿调查中关于二孩生育的回答存在主观性，实际生育行为与生育意愿可能存在偏差，所以实际新增二孩可能会多于1720万人。乔晓春（2014）的估计结果显示，实施全面两孩政策后，年度出生人口峰值将为3224.9万~3684.4万人，总和生育率峰值将在3.21~3.67之间。

王广州（2016）的预测较为保守，他认为全面两孩政策实行后，2016—2020的出生堆积期间，每年出生人口高峰不超过1900万人。与保持原政策不变相比，实施全面两孩政策新增加的出生人口数每年在230万~430万人之间，5年累计在1800万人以内。顾宝昌（2010）提出，从目前的总和生育率水平和生育意愿看，全面两孩政策推行后，中国育龄妇女的平均生育意愿子女数依然低于2.1的更替水平，因此全面两孩政策对出生量不会构成较大冲击。而郭志刚（2010）指出，生育政策调整带来的出生增量取决于生育率，所以要把握好总和生育率的"度"，既不能太高，也不能一味追求降低生育率。

针对出生人口性别比，李桂芝、崔红艳、严伏林等（2016）提出，全面两孩政策会抑制对胎儿性别选择的追求，有利于出生人口性别比的下降，使出生人口性别比趋于正常。对此，王军、王广州、高凌雯等（2016）也持有类似观点。他们使用时期比较和队列比较方法计算得出，当全面两孩政策导致一年内新增人口在500万~1000万人的区间变化时，中国出生性别比下降范围将在2.57~4.14之间。其中，城镇出生性别比下降范围在2.67~4.14之间，农村出生性别比下降范围在2.53~4.18之间。

关于全面两孩政策的推行对新增人口数量的提升程度，学者们倾向于持"谨慎乐观"态度，认为在该政策施行初始阶段，其对新增人口数量增长的作用有限。而我们的研究团队认为，施行全面两孩政策与提升新增人口数量二者之间的关系并非单纯地前者直接作用于后者，全面两孩政策需要通过改变部分育龄妇女的生育意愿来使她们的生育态度由"只生一个"向"多生一个"转变，这其中又必将涉及维度更加复杂的社会、经济、文化与环境因素的共同影响力。如果将来一段时间内大面积出台有利于二孩抚养的相关政策，必然又从某一层面影响生育意愿，从而间接影响未来一定时期内的新增人口数。因此，关于全面两孩政策对新增人口数的影响，只是基于当下进行预测,能否得到未来一定时间范围内的较精准数值,仍有待商榷。

就全面两孩政策对出生性别比的影响这一点而言,大方向的结论不难得出:较之此前长期施行的一孩政策,全面两孩政策能在很大程度上对部分家庭的性别偏好进行满足,从而使中国出生人口性别比偏高的现状得以缓解。学术界今后对该议题的研究可进一步引入时间维度,具体探讨未来一定时期内性别比的具体下降趋势,以期为相关社会及人口政策的制定及完善提供指引。

2.4 全面两孩政策下对劳动年龄人口数量的预测分析

易富贤早在2008年就提出应赶抢"补偿生育高峰",实行"全面放开二孩"政策,以减轻劳动力资源枯竭与老年人口比例迅速增加的压力。翟振武、李龙和陈佳鞠(2016)认为,劳动年龄人口规模将在2042年前后降至8亿人以下,到21世纪中叶约有7.1亿人。未来中长期的劳动年龄人口规模将会凸显全面两孩政策的效应,到2050年时,全面两孩政策下的劳动年龄人口规模将比维持原来较严格的生育政策多出约5000万人。但是他们也承认,劳动年龄人口将在2030年左右开始快速减少的趋势无法改变。黄匡时和张许颖(2016)的估计结果显示,随着全面两孩政策实施后新出生的人口陆续成为劳动年龄人口,到2035年,15~59岁的劳动年龄人口为8.272亿人,比原先生育政策条件下的劳动年龄人口多1540万人;到2050年,15~59岁的劳动年龄人口比原先生育政策条件下的劳动年龄人口多3390万人。李桂芝、崔红艳、严伏林等(2016)认为,与维持单独两孩政策相比,实施全面两孩政策后,2040年16~59岁劳动年龄人口多1700万人,2050年16~59岁劳动年龄人口多3100万人,有利于减缓劳动年龄人口数量减少的趋势。

综合上述学者的观点,我们可以预见,全面两孩政策会在2030年以后减缓劳动年龄人口规模快速减少的态势。特别是在2032—2036年,由于全面两孩政策启动实施后堆积出生的人口相继步入劳动年龄,这一时期劳动年龄人口规模快速减少的态势将得到明显遏制。但是需要注意的是,全面两孩政策对中国劳动年龄人口数量的影响将会是一个长期的过程。此处值得反思的是，中国人口基数众多的国情长期不会根本改变，因此事实上中国的劳动力资源短缺具有极强的相对性，而非劳动力资源绝对意义上出现枯竭。全面两孩政策增加劳动力供给的真正意义在于，通过增加劳动年龄人口数量以改善劳动力供给关系，从而实现劳动生产率及经济增长率二者的提升。

2.5 全面两孩政策下对人口老龄化程度的预测分析

根据《中国统计年鉴2015》的统计数据可知，中国2014年65岁及以上人口占总人口的比重为10.1%，已高于国际制定的老龄化标准7%，而0~14岁人口占总人口的比重为16.5%，各项综合数据显示中国已进入少子老龄化社会发展阶段。有研究认为，全面两孩政策实行后，老年人口比例将于2024年左右突破20%，2031年左右突破25%，2041年左右突破30%，并于2050年攀升至约34.0%（翟振武、李龙和陈佳鞠，2016）。该研究认为，全面两孩政策的实施并不会改变未来60年内的老年人口规模，更不能扭转老年人口规模持续膨胀、老龄化程度不断加深以及老龄化形势日趋严峻的大趋势。对此，其他学者提出了不同看法。杨舸（2016）认为，生育政策调整使2040年和2050年的老龄化系数分别由23.66%、25.62%下降到22.94%、24.33%。李桂芝、崔红艳、严伏林等（2016）认为，与维持单独两孩政策相比，实施全面两孩政策后，2040年65岁及以上老年人口比重将下降0.73个百分点，2050年下降1.31个百分点。黄匡时和张许颖（2016）的测算结果表明，与单独两孩政策相比，实施全面两孩政策后，2050年60岁及以上人口占总人口的比重将由35.7%下降到33.98%，老年人口抚养比将下降约2个百分点。

由此可见，目前学术界对全面两孩政策下的人口老龄化程度还未完全形成一致认识。但不可否认的是，在全面两孩政策下，大量新增出生人口在一定时期内将大幅提升少儿人口比例，从而相对压低老年人口比例，减缓底部老龄化趋势。全面两孩政策出台的宏观初衷之一，就是为了积极应对中国人口老龄化日益加重这一趋势。尽管全面两孩政策对缓解中国人口老龄化将起到积极作用，但或许难以改变中国向老龄化社会结构发展的态势。我们应清楚地认识到，当一个国家的收入达到中高水平时，人口老龄化是一个必然趋势，因此人口政策的调整只能缓和老龄化。从长期来看，如何应对老龄化是中国面临的一个更为关键的问题。

2.6 全面两孩政策下的社会抚养负担变化

基于统计数据和相关文献，我们可以明显地观察到，自中国实施计划生育政策以来，中国妇女的生育意愿一直持续下降并维持在较低水平。未来中国可能陷入人口负增长状态，这将对中国经济、政治、社会稳定等多方面带来诸多不利影响（陈友华，2016；原新，2016）。全面两孩政策实施后，伴随着少儿人口规模先大幅抬升，后快速下降，再小幅回升的变化趋势，少儿抚养比也将呈现先增后降再增的大体趋势。少儿抚养比将于2027年左右达到21世纪前半叶的最高峰，峰值少儿抚养比为29.2%。此后，少儿抚养比开始持续下降，并于2039年左右达到21世纪前半叶的最低谷，为24.0%。到21世纪中叶，少儿抚养比又将回升至约28.5%的水平。老年抚养比将呈现出持续大幅攀升之势，于2023年左右突破30%，2029年左右突破40%，2036年左右突破50%，2047年左右突破60%，并于21世纪中叶抬升至66.2%的水平。在少儿抚养比和老年抚养比的双重影响下，总抚养比将处于不断抬升之中，于2024年左右超过60%，2029年左右超过70%，2044年左右超过80%，很快又于2049年超过90%，最终在21世纪中叶达到近95%的水平（翟振武、李龙和陈佳鞠，2016）。

黄匡时和张许颖（2016）通过计算得出，2016年实施全面两孩政策之后，少儿抚养比比现行政策略微有所上升，2020年由现行政策下的24.7%上升到26.3%，2050年由21.5%上升到24.5%。实施全面两孩政策之后，2035年老年抚养比比现行政策有所下降，由原来的32.6%下降到32.1%，2050年则由44.4%下降到42.6%。实施全面两孩政策虽然会使中国在2030年左右提前关闭"人口红利"的机会窗口，但它能减缓21世纪下半叶的总抚养比，从长期看有利于人口均衡发展（桂世勋，2016）。

通过分析以上诸位学者的观点，我们可以初步认为，少儿抚养比与老年抚养比在21世纪上半叶具有不同的变化趋势。在全面两孩政策出台一定时期内，少儿抚养比无疑会进一步上升，劳动年龄人口将面临"上有老，下有小"的状况，这从微观层面要求该群体担负更多的赡养老人和抚养子女的责任，从宏观层面则要求社会基础设施建设及公共服务体系兼顾幼儿及老人两方群体。但随着老龄化趋势的进一步深入，老年抚养比将成为抚养格局中的"主角"。预测出这一变化趋势，有利于帮助政府有关部门提前合理规划好相关领域社会福利及社会资源的分配。

3 生育意愿和生育行为的变动研究

生育意愿是个人或家庭出于对子女的偏好，考虑到各种限制条件后的生育愿望表达，包括期望生育的子女数量、性别、生育时间和间隔，它反映了人们的生育需求，并在一定程度上决定和影响着生育决策。尽管生育意愿与实际生育行为之间会存在一定程度的偏差，但通过生育意愿调查了解当前我国居民的生育需求和影响实际生育行为的因素，对于预测未来人口出生率与人口结构具有重要意义。有关生育意愿的调查和研究也是近年来国内外人口研究的重点。

3.1 生育意愿现状与变化趋势

近年来的研究发现，我国居民的生育意愿普遍偏低且呈现逐年下降的趋势。王军和王广州（2016）采用2011年中国社会状况综合调查和2012年中国家庭幸福感热点问题调查的原始数据，对中国育龄人群的生育意愿及其变化趋势进行了分析，发现1985年以来的意愿生育水平呈逐年下降的趋势，2000年以来的意愿生育水平已经下降到更替水平以下、1.8以上，并认为将趋近于1.8左右的水平。

侯佳伟、黄四林、辛自强等（2014）基于1980—2011年开展的227项关于中国人生育意愿的调查，运用横断历史元分析方法，考察了生育意愿的纵向变化趋势。研究发现，1980年以来中国人理想子女数呈减少趋势。2000年之后主要表现为"儿女双全"的二孩生育意愿，平均理想子女数基本稳定在1.6~1.8人。20世纪80年代，中国人生育水平高于生育意愿，随着经济和教育发展水平的提升，二者均呈下降趋势，但是生育水平下降快于生育意愿。1990年之后，生育水平低于生育意愿，即人们实际生育子女数少于理想子女数。

姚从容、吴帆和李建民（2010）对2000年以来有关生育意愿的调查研究进行了归纳，发现城乡居民意愿生育子女数差异缩小，但意愿生育性别差异仍然显著；意愿生育子女数的地区差异不显著，但意愿生育性别仍具有较强的地区差异；城市青年的生育意愿渐趋一致，独生子女与非独生子女的生育意愿差异不显著；外出流动对生育意愿与生育行为的影响显著，外出流动人口的生育意愿和生育率已明显低于来源地农村人口，无论是意愿生育子女数，还是意愿生育性别，外出流动人口都在逐渐趋向于目的地城市人口；生育年龄呈继续后移趋势，晚婚晚育已成为城乡青年一代的共同选择；生育动机存在城乡差异，"传宗接代"思想仍然影响着人们的生育决策，但生育成本增高已成为生育意愿下降的主要原因。

庄亚儿、姜玉、王志理等（2014）基于2013年全国生育意愿调查研究发现，当前我国城乡居民普遍的生育意愿是生育两个孩子，理想子女数为1.93，处于更替水平以下。根据2001年、2006年、2010年、2013年人口计生系统全国性生育意愿调查数据的可比口径计算，20~44岁有偶妇女平均理想子女数为1.73、1.76、1.81、1.93，呈上升趋势。实际上，我国居民的生育意愿是受到生育政策抑制的，尽管如此，目前的生育意愿仍然高于生育行为。

3.2 生育意愿与生育行为

近年来，国际上的研究发现生育意愿并不能完全代表生育行为，在某些情况下甚至会出现相悖的现象。国内学者的研究也发现我国生育意愿普遍高于生育行为，并较多地从生育意愿的测量标准和生育成本的影响两个方面进行了分析。

3.2.1 测量标准的重新界定

郑真真（2011）研究了2006—2010年对江苏省人口的生育意愿和生育行为进行的调查，认为不能简单地将理想子女数等同于实际生育行为，生育计划虽然与行为相关但也不会全部转化成行为。而生育政策仅仅是生育数量的法律上限，与实际行为相去甚远，不宜直接用于出生预测。

"首先，理想子女数是个比较稳定、变化缓慢的观念，我们不应指望它会发生急剧的改变，无论是上升还是下降；其次，理想子女数除了对可能生育的最高水平有参考价值，其政策意义其实并不大。"

"与理想子女数相比，生育意愿更接近现有子女数量，但是与实际生育子女数仍存在差距。迄今为止，在低生育率的人口中观察到的现象，都是实际生育子女数低于意愿生育数量。"

郑真真（2011）分析了家庭生育的决策过程："生育计划包括不同方面和层次。首先，是否有生育/再生育的打算；其次，如果有，预期等待多长时间；还有，生这个孩子对妇女本人及其家庭来说是否重要。对每个问题的回答越肯定越明确，计划落实的可能性越大。"因此，及时跟踪了解生育计划及其改变的原因，有助于估计近期出生趋势。

郑真真（2011）在研究中进而提出："理想子女数、生育意愿和生育计划是逐步接近现实的三个层次，生育意愿比理想子女数更接近现实，而生育计划则比生育意愿更接近现实，具有明确的数量和时间的生育计划更有可能转化为生育行为，最终对生育数量产生影响。同时，这三个指标随时间变动的稳定性是逐级递减的，理想子女数最为稳定，生育意愿会变化，而生育计划短期改变的可能性更大。因此，与理想子女数相比，意愿和计划更具有实用价值，也更需要及时观察、长期跟踪。"

3.2.2 生育成本的影响

（1）社会成本替代私人成本。生育成本分为私人成本和社会成本。私人成本包括从母亲怀孕开始到把婴儿抚养长大成有劳动能力的正常人的过程中家庭所花费的一切费用，这其中主要包括生活费用、教育费用、医疗费用、婴儿夭折均摊费用和父母双方的机会成本。社会成本则包括由国家和社会为儿童提供的各种福利支出，个人的生育行为给他人或社会福利带来的不利影响，以及为应对人口出生高峰或性别结构失衡，国家额外付出的社会管理成本及其他各项费用。

邱红和王晓峰（2010）认为，随着社会的进步与发展，社会福利与社会保障水平都不断提高，生育的社会成本不断增加，并形成对私人成本的替代作用。例如，社会医疗保障水平的不断提高将直接降低孩子的出生费用以及成长过程中的医疗费用；免费义务教育的普及将会降低孩子的教育费用；收入的提高将会使生活费用所占的比例越来越小。由此可见，在生育社会成本不断提高的情况下，私人成本相对降低，特别是私人成本中直接用于孩子的费用不断降低。

（2）城乡生育成本趋同导致农村生育相对成本较高。陈友华（2011）认为，大量农民倾向于流动到城市中生活，但进城后他们所面对的物价指数和生活成本与城市居民是一样的，城市社会不会因为农民收入低、经济支付能力差而在学习、工作、生活等方面给予特殊的优待与照顾，这就使农民的相对生育成本较高。

（3）生育成本对生育意愿的影响。茅倬彦和罗昊（2013）分析了江苏省群众生育意愿和生育行为调查数据，然后从行为计划理论的视角观察了人们生育意愿和生育行为的差距，发现人们的考虑是比较理性和现实的，更加关注夫妻感情和生活质量的妇女更容易放弃实现生育意愿，存在"女孩偏好"和"儿女双全偏好"的则更容易实现生育意愿。社会规范仍然起着一定作用，这表现在：当生育一孩成为主流现象时，在乎周围看法的妇女更容易放弃政策给予的生育二孩的权利。妇女会谨慎考虑是否拥有实现生育意愿的能力和资源，妇女的年龄、工作状况和是否有人能够帮助照料孩子都成为是否实现生育意愿的重要影响因素。年龄越大越倾向于放弃生育；没有工作的妇女由于经济能力不足，也更容易放弃生育；有人帮助照料孩子的妇女更容易实现生育意愿，实现生育意愿的妇女中超过九成的人有长辈帮助照料孩子。生育计划对人们生育意愿和生育行为的一致性有显著影响，具有明确生育计划的妇女更可能将生育意愿转换为生育行为。

（4）生育成本对生育行为的直接影响。李勇刚、李祥和高波（2012）通过计量模型分析发现，房价上涨是生育成本提高的重要因素。由于我国城市家庭大多受传统住房消费观念的影响，秉承"结婚一定要买房"等观念，加之受到"现在不买以后更买不起"的恐慌性购房心态的影响，很多在城市生活工作的年轻人没有自有住房便推迟结婚，更不会考虑在租房情况下生育及抚养下一代。因此，房价上涨导致生育成本提高的直接后果就是生育率下降。

谭雪萍（2015）利用验证性因子分析法得出结论，认为某些非经济性因素也对生育成本有重大影响，如职业发展压力、孩子教育压力和时间精力压力因素表现显著，这也体现了如今80后夫妇具有职业理想、崇尚自由以及担忧孩子教育的特点。因此，这也造成生育成本上升，并使生育率有所降低。

可见，虽然很多研究讨论了生育意愿的水平、生育意愿的影响因素，但由于生育意愿这个衡量指标的有效性限制，不能准确地给出对出生率的预测，所以未来的研究应该重新确立衡量指标。另外，对于生育成本的因素分析多局限于生育孩子的夫妻，但在中国社会，有更多的成本来自夫妻双方父母家庭，以及妇女工作的成本和机会成本。因此，今后关于生育成本的研究应当多关注这一方面。

4　评述与展望

目前我国对于生育政策的评价主要局限在人口学界，关注点也主要停留在人口自身的发展上，相对忽视了与人口要素相关的各种社会因素。现有的少数与生育政策调整相关的研究，在研究的主题和视角上基本都是围绕着政策调整后出生率的反弹、每年新增加出生人口的规模、总人口长期发展的趋势等人口学问题，很少有研究涉及与政策调整密切相关的社会结构、家庭结构，以及经济、教育、就业、社会保障等方面的问题（风笑天，2014）。

生育政策的实施效应不仅涉及人口变动本身，而且涉及经济社会发展的各个方面。经济后果包括对经济增长的影响，对劳动力市场的影响，对消费和储蓄的影响等；社会后果则包括对社会保障的影响，对婚姻家庭的影响，对教育、医疗等公共服务体系的影响等。此外，还会对资源、生态、环境等产生直接或间接的影响。为此，我们应更加重视人口长期均衡发展，系统分析生育政策对人口变动及经济社会发展全局的影响，及时跟踪政策实施进展，提出完善生育政策的建议。

参考文献

[1] BASTEN S, JIANG Q. Fertility in China: an uncertain future [J]. Population studies, 2015(69): S97-S105.

[2] BECKER G S, LEWIS H G. Interaction between quantity and quality of children in economics of the family [J]. NBER Chapters, 1974, 319(2): 1-34.

[3] BECKER G S. A theory of the allocation of time [J]. The economic journal, 1965, 75(299): 493-517.

[4] BECKER G S. An economic analysis of fertility [J]. NBER Chapters, 1960, 41(5): 209-240.

[5] BONGAARTS J. Fertility and reproductive preferences in Post-transitional Societies [J]. Population & development review, 2001, 27(Suppl.): 260-281.

[6] BUDIG M J, ENGLAND P. The wage penalty for motherhood [J]. American sociological review, 2001, 66(2): 204-225.

[7] CAI Y. China's below-replacement fertility: government policy or socioeconomic development? [J]. Population & development review, 2010, 36(3): 419-440.

[8] CALDWELL J C. Toward a restatement of demographic transition theory [J]. Population & development review, 1976, 2(3/4): 321-366.

[9] CHEN J, RETHERFORD R, CHOE M K. Province-level variation in the achievement of below-replacement fertility in China [J]. Asian population studies, 2009, 5(3): 309-328.

[10] EASTERLIN R A. An economic framework for fertility analysis [J]. Studies in family planning, 1975, 6(3): 54-63.

[11] GAFNI D, SINIVER E. Is there a motherhood wage penalty for highly skilled women? [J]. The BE journal of economic analysis & policy, 2015, 15(3): 1353-1380.

[12] JIA N, DONG X Y. Economic transition and the motherhood wage

penalty in urban China: investigation using panel data [J]. Cambridge journal of economics, 2013, 37 (4): 819-843.

[13] LEIBENSTEIN H. An interpretation of the economic theory of fertility: promising path or blind alley [J]. Journal of economic literature, 1974, 12 (2): 457-479.

[14] LESTHAEGHE R, SURKYN J. Cultural dynamics and economic theories of fertility change [J]. Population & development review, 1988, 14 (1): 1-45.

[15] LUTZ W, SKIRBEKK V. Policies addressing the tempo effect in low-fertility countries [J]. Population & development review, 2005, 31 (4): 699-720.

[16] MILLER W B. Differences between fertility desires and intentions: implications for theory, research and policy [J]. Vienna yearbook of population research, 2011 (9): 75-98.

[17] UDRY J R. Do couples make fertility plans one birth at a time? [J]. Demography, 1983, 20 (2): 117-128.

[18] WANG F, CAI Y, GU B. Population, policy, and politics: how will history judge China's one-child policy? [J]. Population & development review, 2012, 38 (s1): 115-129.

[19] 蔡昉. 人口转变、人口红利与刘易斯转折点 [J]. 经济研究, 2010, 45 (4): 4-13.

[20] 曾毅, 陈华帅, 王正联. 21 世纪上半叶老年家庭照料需求成本变动趋势分析 [J]. 经济研究, 2012 (10): 134-149.

[21] 陈卫, 靳永爱. 中国妇女生育意愿与生育行为的差异及其影响因素 [J]. 人口学刊, 2011 (2): 3-13.

[22] 陈卫. 中国近年来的生育水平估计 [J]. 学海, 2016 (1): 67-15.

[23] 陈友华, 胡小武. 低生育率是中国的福音？——从第六次人口普查数据看中国人口发展现状与前景 [J]. 南京社会科学, 2011 (8): 53-59.

[24] 陈友华. 全面二孩政策与中国人口趋势 [J]. 学海, 2016 (1): 62-66.

[25] 大渊宽，森冈仁. 生育率经济学（三）——与社会学的合并［J］. 张真宁，译. 人口与经济，1988（4）：41-43.

[26] 风笑天，王晓焘. 从独生子女家庭走向后独生子女家庭——"全面二孩"政策与中国家庭模式的变化［J］. 中国青年社会科学，2016，35（2）：47-53.

[27] 风笑天，张青松. 二十年城乡居民生育意愿变迁研究［J］. 人口与发展，2002，8（5）：21-31.

[28] 风笑天. "单独二孩"：生育政策调整的社会影响前瞻［J］. 国家行政学院学报，2014（11）：57-62.

[29] 顾宝昌. 论生育和生育转变：数量、时间和性别［J］. 人口研究，1992，6（2）：1-7.

[30] 顾宝昌. 生育意愿、生育行为和生育水平［J］. 人口研究，2011，35（2）：45-61.

[31] 顾宝昌. 中国人口：从现在走向未来［J］. 国际经济评论，2010，15（6）：95-111.

[32] 桂世勋. 全面两孩政策对积极应对人口老龄化的影响［J］. 人口研究，2016（4）：60-65.

[33] 郭志刚. 中国的低生育水平及相关人口研究问题［J］. 学海，2010（1）：5-25.

[34] 国佳，董玲. 二孩政策给妇幼保健工作带来的新挑战［J］. 中国妇幼保健，2016，31（17）：3439-3441.

[35] 侯佳伟，黄四林，辛自强，等. 中国人口生育意愿变迁：1980—2011［J］. 中国社会科学，2014（4）：78-97.

[36] 黄匡时，张许颖. "全面两孩"政策目标人群及其出生人口测算研究［J］. 福建行政学院学报，2016（4）：97-103.

[37] 黄燕芬，陈金科. 我国人口年龄结构变化对住房消费的影响研究——兼论我国实施"全面二孩"政策的效果评估［J］. 价格理论与实践，2016（2）：12-19.

[38] 靳永爱. 低生育率陷阱：理论、事实与启示［J］. 人口研究，

2014（1）：3-17.

[39] 康楚云，高燕秋，宋莉，等.生育政策调整对助产医院分娩量及产妇构成的影响[J].人口研究，2015，39（6）：85-93.

[40] 李芬，风笑天."对母亲的收入惩罚"现象：理论归因与实证检验[J].国外理论动态，2016（3）：74-83.

[41] 李芬.工作母亲的职业新困境及其化解——以单独二孩政策为背景[J].东南大学学报（哲学社会科学版），2015（4）：12-20.

[42] 李桂芝，崔红艳，严伏林，等.全面两孩政策对我国人口总量结构的影响分析[J].人口研究，2016（4）：57-58.

[43] 李玲，杨顺光."全面二孩"政策与义务教育战略规划——基于未来20年义务教育学龄人口的预测[J].教育研究，2016，37（7）：22-31.

[44] 林建军.从性别和家庭视角看"单独两孩"政策对女性就业的影响[J].妇女研究论丛，2014（4）：51-52.

[45] 鲁蓓.二孩政策、人口老龄化和财政社会福利支出预测[J].劳动经济研究，2016（3）：103-118.

[46] 茅倬彦.生育意愿与生育行为差异的实证分析[J].人口与经济，2009（2）：16-22.

[47] 彭松建.伊斯特林有关生育供给与需求分析理论[J].中国人口科学，1989（4）：9-14.

[48] 乔晓春.实施"普遍二孩"政策后生育水平会达到多高？——兼与翟振武教授商榷[J].人口与发展，2014（6）：2-15.

[49] 宋健，陈芳.城市青年生育意愿与行为的背离及其影响因素——来自4个城市的调查[J].中国人口科学，2010（5）：103-110.

[50] 宋健，周宇香.中国已婚妇女生育状况对就业的影响——兼论经济支持和照料支持的调节作用[J].妇女研究论丛，2015（4）：16-23.

[51] 佟新.人口社会学[M].3版.北京：北京大学出版社，2006.

[52] 王德文.人口低生育率阶段的劳动力供求变化与中国经济增长[J].中国人口科学，2007（1）：44-52.

[53] 王广州.影响全面二孩政策新增出生人口规模的几个关键因素分

析［J］.学海，2016（1）：82-89.

［54］王广州.生育政策调整研究中存在的问题与反思［J］.中国人口科学，2015（2）：2-15.

［55］王金营."全面二孩"下21世纪中国人口仍难回转年轻［J］.探索与争鸣，2015（12）：21-23.

［56］王军，王广州，高凌斐，等.中国出生性别比水平估计及形势判断［J］.学习与实践，2016（3）：82-91.

［57］王军，王广州.中国低生育水平下的生育意愿与生育行为差异研究［J］.人口学刊，2016，38（2）：5-17.

［58］吴帆.欧洲家庭政策与生育率变化——兼论中国低生育率陷阱的风险［J］.社会学研究，2016（1）：49-72.

［59］徐俊.我国计划生育政策的反思与展望——由"单独二孩"引发的思考［J］.人口与经济，2014（11）：109-118.

［60］杨舸."全面二孩"后的人口预期与政策展望［J］.北京工业大学学报（社会科学版），2016（8）：25-33.

［61］杨慧，吕云婷，任兰兰.二孩对城镇青年平衡工作家庭的影响——基于中国妇女社会地位调查数据的实证分析［J］.人口与经济，2016（2）：1-9.

［62］杨菊华.生育意愿、生育行为、生育水平的三重悖离［J］.人口研究，2011，35（2）：49-52.

［63］杨菊华.意愿与行为的悖离：发达国家生育意愿与生育行为研究述评及对中国的启示［J］.学海，2008（1）：27-37.

［64］杨菊华."单独两孩"政策对女性就业的潜在影响及应对思考［J］.妇女研究论丛，2014（4）：49-51.

［65］杨顺光，李玲，张兵娟，等."全面二孩"政策与学前教育资源配置——基于未来20年适龄人口的预测［J］.学前教育研究，2016（8）：3-13.

［66］姚从容，吴帆，李建民.我国城乡居民生育意愿调查研究综述：2000-2008［J］.人口学刊，2010（2）：17-22.

［67］易富贤.以人为本，用科学的发展观指导人口政策调整［J］.社

会科学论坛（学术评论卷），2008，4（6）：75-96.

［68］原新. 我国生育政策演进与人口均衡发展——从独生子女政策到全面二孩政策的思考［J］. 人口学刊，2016（5）：5-14.

［69］翟振武，张现苓，靳永爱. 立即全面放开二胎政策的人口学后果分析［J］. 人口研究，2014，38（2）：3-17.

［70］翟振武，李龙，陈佳鞠. 全面两孩政策对未来中国人口的影响［J］. 东岳论丛，2016（2）：77-88.

［71］翟振武，李龙，陈佳鞠. 全面两孩政策下的目标人群及新增出生人口估计［J］. 人口研究，2016（4）：35-51.

［72］张霞，茹雪. 中国职业女性生育困境原因探究——以"全面二孩"政策为背景［J］. 贵州社会科学，2016（9）：150-154.

［73］赵佳音. "全面二孩政策"背景下全国及各省市学龄人口预测——2016至2025年学前到高中阶段［J］. 教育与经济，2016（4）：64-69.

［74］郑益乐. "全面二孩"政策对我国学前教育资源供给的影响及建议——兼论我国学前教育资源供给的现状与前景展望［J］. 教育科学，2016（3）：83-89.

［75］郑真真. 生育意愿、生育行为和生育水平：从江苏调查看生育意愿与生育行为［J］. 人口研究，2011（2）：43-47.

［76］周钧. 农村学校教师流动及流失问题研究现状与发展趋势［J］. 教师教育研究，2015（1）：60-67.

［77］朱奕蒙，朱传奇. 二孩生育意愿和就业状况——基于中国劳动力动态调查的证据［J］. 劳动经济研究，2015（5）：110-128.

［78］左学金. 人口老龄化对中国经济的长期影响［C］//老龄问题研究论文集（十一）——积极老龄化研究之三. 福州：福建省老年学学会，2006：28-38.

附录二　政府部门、社区工作人员和城乡居民深度访谈提纲

一、政府部门工作人员访谈提纲

访谈目标：通过对政府工作人员进行访谈，了解全面两孩政策在当地的具体实施情况。

访谈对象：各地发展改革委、（原）卫生计生委、统计局、社会保障局工作人员。

提问提纲：

（1）自全面两孩政策施行以来，相信在**市已经取得了一定的成效。请基于全面两孩政策的具体实施情况，简要评价一下这个政策到目前为止的实施效果。

（2）政策实施以来，**市育龄妇女及家庭的生育意愿较政策实施前是否有显著提升？**市市民对该政策的关注度和响应度如何？

（3）**市政府在全面两孩政策与过去一孩及单独两孩政策的衔接上是否遇到了某些问题？如果存在该方面的问题，政府是如何解决的？

（4）**市政府在宣传全面两孩政策方面具体做了哪些工作？主要通过何种形式对该政策开展宣传？

（5）国家在推动全面两孩政策的实施方面提供了一些具有基础性、普遍性的配套政策措施，那么**市有没有根据本市具体情况出台一些地方性的政策来进一步推动全面两孩政策的施行？

（6）请大致介绍一下全面两孩政策出台以来**市新增人口中二孩的占比。

（7）**市政府是否为生育或即将生育二孩的妇女及其家庭提供了某些便利性条件或与生育有关的福利？

（8）**市政府是否在妇幼保健、学前教育、扶持婴幼儿产业发展等与该政策密切相关的领域做出了一些调整？如果有，请简单介绍一下。

（9）**市政府是否针对全面两孩政策的出台，在政府内部有关部门进行了相应的职能分工调整？

（10）全面两孩政策在**市的主城区与周边农村地区的具体实施过程中是否具有比较明显的差异？

（11）全面两孩政策在**市的施行过程中有没有遇到一些阻碍？如果有，政府部门是如何解决的？

（12）在进一步推动全面两孩政策实施的过程中，**市政府将在哪些方面做出规划与调整？

二、社区工作人员访谈提纲

访谈对象：社区工作人员和社区计生专员。

访问提纲：

1. 针对社区工作人员

（1）咱们社区是什么时候成立的呢？

（2）咱们社区居民人口的基本情况是什么样的？是老年人多一点还是中青年多，或者差不多？

（3）咱们社区出去打工的年轻人多吗？社区里外地来的流动人口多吗？他们的年龄是多大？

（4）咱们社区的人主要是什么民族？受教育情况怎么样？

2. 针对社区计生专员：

社区育龄妇女情况：

（1）咱们社区育龄妇女的人数大概是多少？她们的生育情况总体是怎样的？

（2）全面两孩政策执行到现在，您觉得咱们社区没生育过的育龄妇女和已经生育过一孩的育龄妇女的生育积极性高吗？

（3）咱们社区确认有生育意愿，并且已经开始备孕的育龄妇女多吗？

（4）在您看来，咱们社区为什么会出现育龄妇女有生育意愿却没有生育行为这样的矛盾呢？

社区计生工作情况：

（1）咱们社区对于育龄妇女生育情况是如何了解的？

（2）咱们社区实施全面两孩政策的具体工作计划是怎样的？

（3）咱们社区有关育龄妇女的生殖健康和妇幼保健工作是如何推进的？

（4）咱们社区在执行这些新政策时具体是如何落实、如何操作的？遇到过问题和难处吗？能不能具体讲一讲。

（5）方便不方便看一下咱们社区的计生台账？

对计生方面工作的一些看法：

（1）您在这个社区做计生干部多久了？感觉怎么样？在计生工作中会遇到什么问题？

（2）您对您的工作有没有什么想法？工作压力大吗？

（3）您个人对全面两孩政策在咱们社区的实施有什么样的评价？在具体实施过程中，有什么是让您印象深刻的？

三、城乡居民访谈提纲

您现在是长期居住在本地吗？在具体询问之前，可以先了解一下您的个人情况吗？

1　个人基本信息

1.1　出生日期：（公历年填满4位数，如1983）＿＿＿＿年＿＿＿＿月（＿＿＿＿周岁）

1.2　教育程度是：

①小学以下；②小学；③初中；④高中；⑤中专；⑥大学专科；⑦大学本科；⑧硕士及以上

1.3　政治面貌

1.4　宗教信仰（如有，请具体说明）

1.5 出生地（本省或外省、农村或城镇）

1.6 现户籍所在地

1.7 是否就业（如有，请具体说明职业）

2 家庭基本情况

2.1 您和您的配偶是否为初婚？您和配偶是否为独生子女？

2.2 您家现在有几个孩子？男孩还是女孩？年龄多大（出生年月）？您打算生二孩吗？

2.3 您家现在一起住的家庭成员有哪些？

2.4 配偶情况（年龄、职业、收入、工作地点）

2.5 父母情况（身体状况、养老保障）

2.6 您家的住房是买的还是租的？（若买房，询问买房时间、面积、房屋市价；若租房，询问房租）

2.7 家庭年收入或月收入

3 全面两孩政策相关问题（针对没生育过，不打算生二孩的访谈对象）

3.1 请问您是出于什么原因不打算生二孩呢？

3.2 就您了解来看，您身边想生二孩或已经生育二孩的人多吗？

3.3 您家人对生育二孩是怎么看的（配偶的看法、长辈的看法）？

3.4 您觉得生孩子对您的职业发展影响大吗？您找工作的时候有没有因为还未生育而受到不公平对待（就职、工资、晋升、职业中断、职业地位下降）？

3.5 您对工作单位的生育保障制度了解吗（产假时间、生育补助）？认为有什么不足？

3.6 您考虑过您未来孩子的教育规划吗（课外培训、教育经费、学校类型）？

3.7 您觉得全面两孩政策对教育资源的影响怎样？如学校数量及规模、班级数量、教职工数量及质量、政府教育经费补贴（学前教育、义务教育）。

3.8 您觉得全面两孩政策对妇幼保健设施方面的影响怎样？您对于当下的妇幼保健设施是否了解？资源是否紧缺？急救通道是否畅通？与妇幼

保健相关的医疗卫生配套设施是否存在着地区分布不均的现象？资源配置是否完备？与助产和妇幼保健相关的人才是否缺乏？

3.9 您觉得孩子对个人（家庭）经济的影响怎样？如日常花销、教育经费、为子女准备的存款（嫁妆、婚房等）。

3.10 孩子出生后，您打算自己在家带孩子、请保姆带还是请长辈帮忙照顾？

3.11 您觉得孩子出生后对老人养老会有影响吗（老人的日常生活照料、精神抚慰）？您家平时补贴长辈生活费吗？对于家庭原本补贴老人养老的资金会有影响吗？

3.12 您现在了解全面两孩政策的一些相关配套措施吗？如果了解，请说一下相关情况。

4 全面两孩政策相关问题（针对没生育过，打算生二孩的访谈对象）

4.1 打算什么时候生第一个孩子？第二个呢？希望是男孩还是女孩？为什么打算生两个孩子呢？

4.2 就您了解来看，您身边想生二孩或已经生育二孩的人多吗？

4.3 您家人对生育二孩是怎么看的（配偶的看法、长辈的看法）？

4.4 您觉得生孩子对您的职业发展影响大吗？您找工作的时候有没有因为还未生育而受到不公平对待（就职、工资、晋升、职业中断、职业地位下降）？

4.5 您对工作单位的生育保障制度了解吗（产假时间、生育补助）？认为有什么不足？

4.6 您考虑过两个孩子未来的教育规划吗（课外培训、教育经费、学校类型）？

4.7 您觉得全面两孩政策对教育资源的影响怎样？如学校数量及规模、班级数量、教职工数量及质量、政府教育经费补贴（学前教育、义务教育）。

4.8 您觉得全面两孩政策对妇幼保健设施方面的影响怎样？您对于当下的妇幼保健设施是否了解？资源是否紧缺？急救通道是否畅通？与妇幼保健相关的医疗卫生配套设施是否存在着地区分布不均的现象？资源配置

是否完备？与助产和妇幼保健相关的人才是否缺乏？

4.9 您觉得孩子对个人（家庭）经济的影响怎样？如日常花销、教育经费、为子女准备的存款（嫁妆、婚房等）。

4.10 孩子出生后，您打算自己在家带孩子、请保姆带还是请长辈帮忙照顾？

4.11 您觉得孩子出生后对老人养老会有影响吗（老人的日常生活照料、精神抚慰）？您家平时补贴长辈生活费吗？对于家庭原本补贴老人养老的资金会有影响吗？

4.12 您现在了解全面两孩政策的一些相关配套措施吗？如果了解，请说一下相关情况。

5 全面两孩政策相关问题（针对有一个孩子，不打算生二孩的访谈对象）

5.1 为什么不打算生二孩？您的考虑是什么？

5.2 您家人对生育二孩是怎么看的（配偶的看法、长辈的看法、家中第一个孩子的看法）？

5.3 就您了解来看，您身边想生二孩或已经生育二孩的人多吗？

5.4 您觉得生二孩对您的职业发展影响大吗？您工作的时候有没有受到不公平对待（就职、工资、晋升、职业中断、职业地位下降）？

5.5 您对工作单位的生育保障制度了解吗（产假时间、生育补助）？认为有什么不足？

5.6 您觉得全面两孩政策对教育资源的影响怎样？如学校数量及规模、班级数量、教职工的数量及质量、政府教育经费补贴（学前教育、义务教育）。

5.7 就您第一个孩子的情况来看，您觉得全面两孩政策实施后，哪些教育措施或设施需要配套跟进？

5.8 您觉得全面两孩政策对妇幼保健设施方面的影响怎样？您对于当下的妇幼保健设施是否了解？资源是否紧缺？急救通道是否畅通？与妇幼保健相关的医疗卫生配套设施是否存在着地区分布不均的现象？资源配置是否完备？与助产和妇幼保健相关的人才是否缺乏？

5.9 您觉得孩子对个人（家庭）经济的影响怎样？如日常花销、教育经费、为子女准备的存款（嫁妆、婚房等）。

5.10 您家孩子是您自己在家带孩子、请保姆带还是请长辈帮忙照顾呢？

5.11 您觉得如果二孩出生后对老人养老会有影响吗（老人的日常生活照料、精神抚慰）？您家平时补贴长辈生活费吗？对于家庭原本补贴老人养老的资金会有影响吗？

5.12 您现在了解全面两孩政策的一些相关配套措施吗？如果了解，请说一下相关情况。

6 全面两孩政策相关问题（针对有一个孩子，打算生二孩的访谈对象）

6.1 您打算什么时候生第二个孩子？希望是男孩还是女孩？

6.2 您为什么打算生二孩？

6.3 您家人对生育二孩是怎么看的（配偶的看法、长辈的看法、家中第一个孩子的看法）？

6.4 就您了解来看，您身边想生二孩或已经生育二孩的人多吗？

6.5 您觉得生二孩对您的职业发展影响大吗？您工作的时候有没有受到不公平对待（就职、工资、晋升、职业中断、职业地位下降）？

6.6 您对工作单位的生育保障制度了解吗（产假时间、生育补助）？认为有什么不足？

6.7 您考虑过两个孩子未来的教育规划吗（课外培训、教育经费、学校类型）？

6.8 您觉得全面两孩政策对教育资源的影响怎样？如学校数量及规模、班级数量、教职工数量及质量、政府教育经费补贴（学前教育、义务教育）。

6.9 您觉得全面两孩政策对妇幼保健设施方面的影响怎样？您对于当下的妇幼保健设施是否了解？资源是否紧缺？急救通道是否畅通？与妇幼保健相关的医疗卫生配套设施是否存在着地区分布不均的现象？资源配置是否完备？与助产和妇幼保健相关的人才是否缺乏？

6.10 您觉得生育二孩对个人（家庭）经济的影响怎样？如日常花销、教育经费、为子女准备的存款（嫁妆、婚房等）。

6.11 孩子出生后，您打算自己在家带孩子、请保姆带还是请长辈帮忙照顾？

6.12 您觉得孩子出生后对老人养老会有影响吗（老人的日常生活照料、精神抚慰）？您家平时补贴长辈生活费吗？对于家庭原本补贴老人养老的资金会有影响吗？

6.13 您现在了解全面两孩政策的一些相关配套措施吗？如果了解，请说一下相关情况。

7 全面两孩政策相关问题（针对已经有两个孩子，不想再生的访谈对象）

7.1 您现在的第二个孩子是政策开放之后出生的吗？您对于自己现在的孩子数量满意吗？

7.2 您家人当时对生二孩是怎么看的（配偶的看法、长辈的看法、第一个孩子的看法）？

7.3 就您了解来看，您身边想生二孩或已经生育二孩的人多吗？

7.4 您觉得生二孩对您的职业发展影响大吗？您工作的时候有没有受到不公平对待（就职、工资、晋升、职业中断、职业地位下降）？

7.5 您对工作单位的生育保障制度了解吗（产假时间、生育补助）？认为有什么不足？

7.6 您考虑过两个孩子未来的教育规划吗（课外培训、教育经费、学校类型）？

7.7 就您第一个孩子的情况来看，您觉得全面两孩政策实施后，哪些教育措施或设施需要配套跟进？

7.8 您觉得全面两孩政策对教育资源的影响怎样？如学校数量及规模、班级数量、教职工数量及质量、政府教育经费补贴（学前教育、义务教育）。

7.9 您觉得全面两孩政策对妇幼保健设施方面的影响怎样？您对于当下的妇幼保健设施是否了解？资源是否紧缺？急救通道是否畅通？与妇幼保健相关的医疗卫生配套设施是否存在着地区分布不均的现象？资源配置是否完备？与助产和妇幼保健相关的人才是否缺乏？

7.10 您觉得生育二孩对个人（家庭）经济的影响怎样？如日常花销、教育经费、为子女准备的存款（嫁妆、婚房等）。

7.11 孩子出生后，您是自己在家带孩子、请保姆带还是请长辈帮忙照顾呢？

7.12 您觉得孩子出生后对老人养老会有影响吗（老人的日常生活照料、精神抚慰）？您家平时补贴长辈生活费吗？对于家庭原本补贴老人养老的资金会有影响吗？

7.13 您现在了解全面两孩政策的一些相关配套措施吗？如果了解，请说一下相关情况。

8 全面两孩政策相关问题（针对已经有两个孩子，还想再生的访谈对象）

8.1 您家第二个孩子是在政策开放之后出生的吗？为什么还想再生育孩子？希望是男孩还是女孩？

8.2 您家人对再生育孩子是怎么看的（配偶的看法、长辈的看法、第一和第二个孩子的看法）？

8.3 就您了解来看，您身边想生二孩或已经生育二孩的人多吗？

8.4 您觉得生两个孩子对您的职业发展影响大吗？您工作的时候有没有受到不公平对待（就职、工资、晋升、职业中断、职业地位下降）？

8.5 您对工作单位的生育保障制度了解吗（产假时间、生育补助）？认为有什么不足？

8.6 您考虑过两个孩子未来的教育规划吗（课外培训、教育经费、学校类型）？

8.7 就您第一个孩子的情况来看，您觉得全面两孩政策实施后，哪些教育措施或设施需要配套跟进？

8.8 您觉得全面两孩政策开放对教育资源的影响怎样？如学校数量及规模、班级数量、教职工数量及质量、政府教育经费补贴（学前教育、义务教育）。

8.9 您觉得全面两孩政策对妇幼保健设施方面的影响怎样？您对于当下的妇幼保健设施是否了解？资源是否紧缺？急救通道是否畅通？与妇幼

保健相关的医疗卫生配套设施是否存在着地区分布不均的现象？资源配置是否完备？与助产和妇幼保健相关的人才是否缺乏？

8.10 您觉得孩子对个人（家庭）经济的影响怎样？如日常花销、教育经费、为子女准备的存款（嫁妆、婚房等）。

8.11 您家孩子是您自己在家带、请保姆带还是请长辈帮忙照顾呢？

8.12 您觉得如果二孩出生后对老人养老会有影响吗（老人的日常生活照料、精神抚慰）？您家平时补贴长辈生活费吗？对于家庭原本补贴老人养老的资金会有影响吗？

8.13 您现在了解全面两孩政策的一些相关配套措施吗？如果了解，请说一下相关情况。